創作あーちすとNON

so—saku artist "non"

のん

太田出版

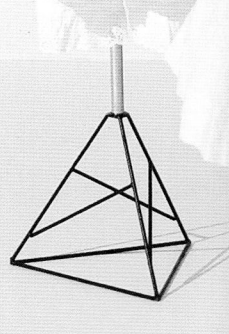

はじめまして、のんです。
つくりたいものをつくって、
行きたい場所に行って、
会いたい人にお会いする、
私のやりたいことをやってみちゃったりしたら、
こんな本が出来上がりました。
はち切れる感情のままに、走りたい道を突っ走っております。
そんじゃ、創作あーちすと〝のん〟として、
まずは絵を描きます。

目次

のん in white cube

一切躊躇なく、無心でどんどんペンキを塗っていく。
「洋服は、自分の好きな色をまず塗ってから、それを見ているうちに発想が巡ってくるというか、
どういう色を滲ませていくかを考えていく感じでした」（のん）

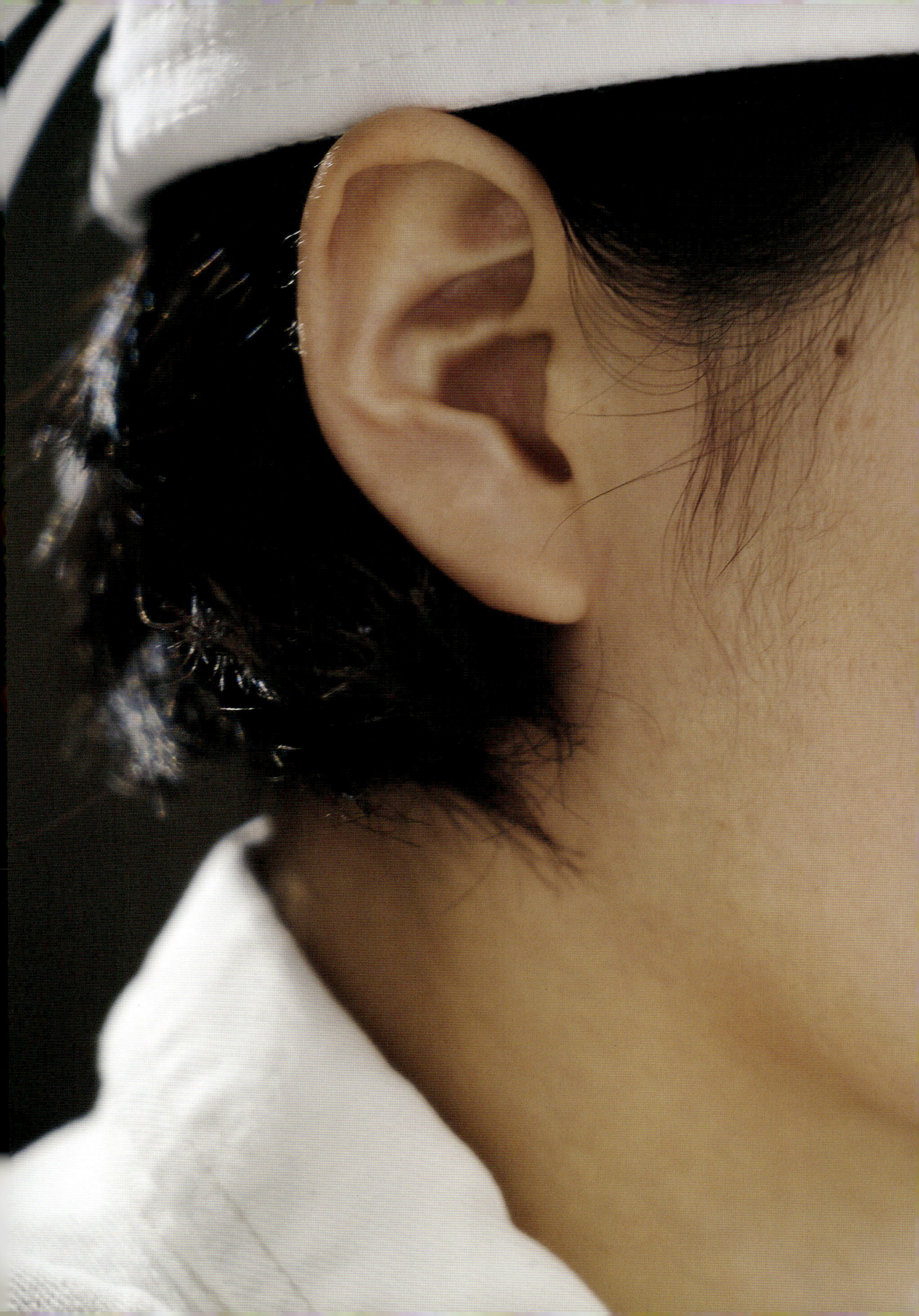

この日用意されたのは、絵の具、布絵の具、筆、刷毛、大筆、大刷毛、コロコロ刷毛、モップ、バケツ20個（絵の具を混ぜる用）、段ボール、ガムテープ、色ガムテープ、段ボールナイフ、強力両面テープ、カッティングシート、ブルーシート、手袋、合羽、三脚など。何をどう使っても構わない、という約束でした

「滝」

「カミナリ雲」

昼食の時間以外は休みなしで、6 時間ぶっ通しで制作作業はおこなわれた

作品名「全部、カミナリ」

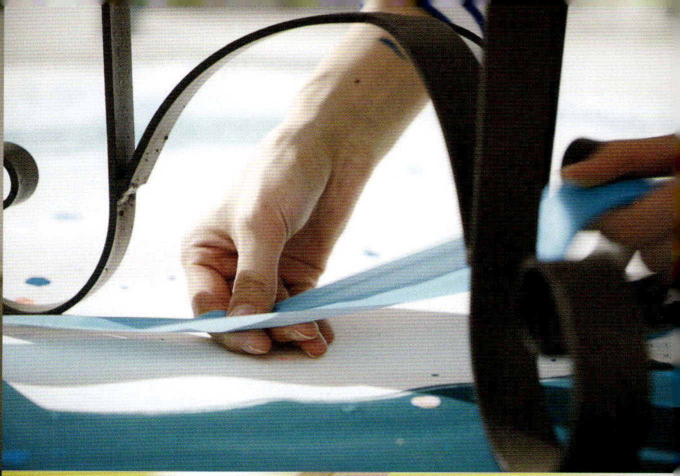

脚立の上から「床面部分」を俯瞰してチェックすると……

non

そうだ、富士山行こう。

アクションペインティング

自作のドレス（キャンバス）を着て、富士山をゆく！

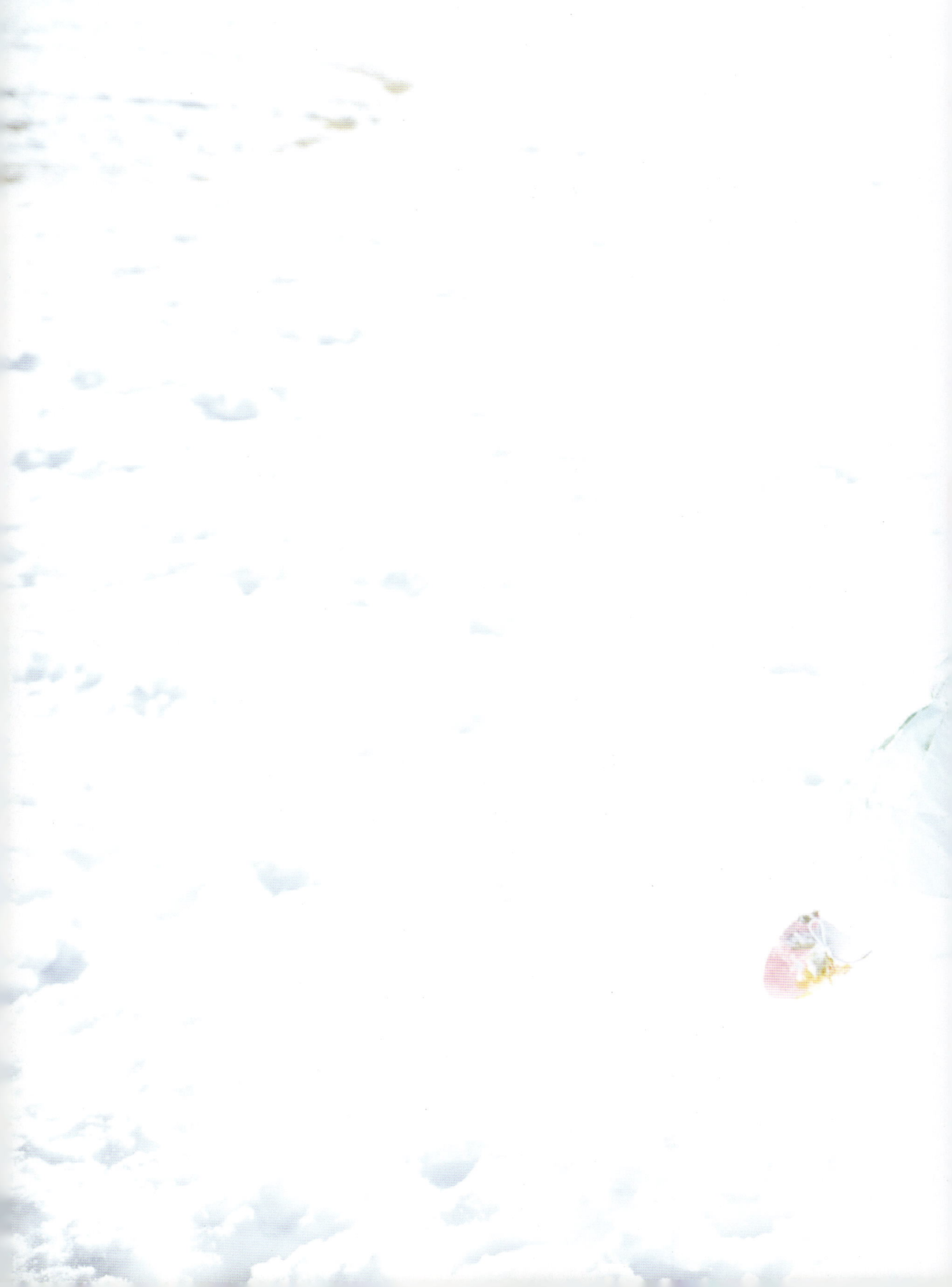

憧れ対談

演じるという仕事、映画作りについて

LA在住の俳優・監督の桃井かおりさんが、たまたま日本に滞在中と聞き、さっそく編集部は対談をセッティング。言葉ではなかなか説明しづらい「演じる才能」について、そして映画作りについて、プレイヤーならではの視点で語り合っていただきました。ちなみに、おふたりの出会いは2年前、共通の知人らとともに松任谷由実さんのコンサートに行ったことがきっかけだそうです。

憧れ対談1:

桃井かおりさん×のん

桃井　"のんちゃん"になったのね。
のん　のんになりました。
桃井　かわいいじゃん。フランス語のOui（ウィ）、Non（ノン）の「のん」っていう感じで。私、ずーっとLAで朝ドラは観てたから。LAにすっごいファン多いわよ（笑）。「あの子、うちに下宿しないかしら？」と思ってる人がいっぱいいるから、どこにでも泊まれそうよ。
のん　おおお……タダでしょうか？
桃井　タダでしょ（笑）。食事付き。
のん　え、豪華！
桃井　「うちに下宿させたい子」ナンバーワンになってるみたいですよ（笑）。

「映画作り、どうですか？」　――のん

のん　監督・脚本・主演をされた『火 Hee』、観ました。すごかったです。ずっと桃井さんを見ていられて最高でした。
桃井　そうですか、良かったです。あそこまで映り続けるやつはなかなかいないよね（笑）。
のん　もう本当に、「役者さんだけで映画を成立させられるんだな」っていうのが衝撃的でした。めっちゃくちゃかっこよかったです。
桃井　ありがとうね。せっかく俳優が監督する映画だからさ、俳優が良くないとダメだなぁとは思って作ってるんだけど。原作は女の一人称だけで全編書かれているんだけど、ほら自分が監督で自分が主役って、ずいぶんイケ図々しい感じがするじゃない？ 女がしゃべり続けるということは誰かが聞いているということだから、医者役を主人公にして撮ろうと思ってた。普通だったら28日間くらいは必要なスケジュールが10日間の撮影期間だったんで（笑）、パッパッと撮影しなきゃいけなかったんだけど、男の方で5日かかっちゃって。
のん　あぁ！ そこで、もう5日間使っちゃったんですね。
桃井　使っちゃったの。それもLAで撮ったんで初日に「私、こんな感じの人を演るからね」っていうのをスタッフに見せて。言葉わかんないから、演ってみせないとダメだから。……そしたらね、その肝心な医者が聞いてないのね（笑）。
のん　『火 Hee』の台詞でも出てきましたね。……どういうことですか？
桃井　私が何の話をしても、お茶碗を落としても、何もリアクションがないの。でね、演技とかじゃなくて、もともとそういう人だったわけなんだけど（笑）。動じない。生モノであることをやめちゃった人だったのね。
のん　そうなんですね。なんでだろう……。
桃井　あのね、外国で暮らしていく中で少しは私もわかるんだけど、ものすごくいじめられた経験があったんだと思う。たいして若くもなく顔もさして良くなく背もそんなに高くなくて、英語も上手くなくて海外にいると、こっちでは外人だしね。仕事もきっとなかなかなくて、いろんな不条理なことをいっぱい言われて生きてきたんだと思うのね。だからね、何を見ても、何を聞いても、感じない癖がついちゃってる。で、これはお手上げ、でも考えたら、それが彼の個性なんだよねと気づいて「あ、聞いてないのに喋っているって、この女はものすごく傷んでるな」って感じにはなる、その設定を使わせてもらおうかなって感じで。だからそのまんま、撮っちゃったんだけど。そしたら結局私を撮る日が1日しかなくて、最終日の昼から日没までだけで映画のほとんどを撮り終えた（笑）。
のん　え、1日ですか？
桃井　そうそう、1日。
のん　ええぇ。
桃井　だいたい映ってんの私だから、ほとんど1日で撮れたじゃんって（笑）。この映画、もしかして1日で撮れた？ みたいな（笑）。編集も5日間で（笑）。
のん　すごいですね。すごい。1日で撮ったシーンだったなんて。
桃井　すごいでしょ？ だからなんか困ったら困ったでやれるんだな〜と。……"のん"でいいの？
のん　のんでいいです。
桃井　のんちゃんのことは共通の知人から聞いてるんだけど、やっぱり才能とかアイディアがある人って、ものすごく苦しい思いをしなきゃならないわけね。「使われる」とか「ただ言われたとおりにやる」とか、そういう風に業界のシステムがなっているからさ。のんちゃんも、ものを作れちゃうじゃない？ 本当はそうやって、ものを作れたり、発想ができるのがこの仕事の一番の宝なのに、なんか日本だと思いつけないようになっていて、思いつかないでおっぱいが大きいだけの方がいろいろ上手くいくっていうさ（笑）。そういう業界に長くいると、どうしてもひとりで闘わなきゃいけない。じゃないと意味ないから。無意味な闘いを（笑）。だから、のんちゃんも大変だなと思って。
のん　いやいや！ がんばります。
桃井　この人どうすんだろう？って。芝居見るとわかるでしょ？ その人の本質とか才能《タレント》が。枠からはみ出てたもん。
のん　（笑）。
桃井　朝ドラの時、完全に枠からはみ出てた。パターンにはまらないように型から逃げる女優さんはいっぱい出てきてるんだけど、逃げるも何も最初からはまってないっていう（笑）。こういう人って久しぶりに見たなぁと思って（笑）。今の若い女優さんの中で、はまらないようにしてるだけで相当かっこいいですよ。それは私たちの時代では、私ぐらいしかいなかったから。今は、はまらないようにして、良い味がある女優さんはいっぱい出てきていて頼もしいんだけど、のんちゃんの場合は最初からはまってない。というか、構ってない。日本の芸能界に構ってない人だな、って印象かな（笑）。それで本人このままナチュラルだから「わぁ、すごくいい感じじゃん」と思って。海外に植え付けても育ちそうだしね。海外なんかやっぱりそこ見てくれるから楽かも。
のん　最初からはまってない！ 確かに、そうかもです。海外、楽ですか？
桃井　すっごい私は楽。
のん　でも、英語ができなきゃいけない……。
桃井　それがね、英語ができなくてもやれるよ。
のん　どうすればいいんですか？
桃井　ただセリフを歌の歌詞み

たいに覚えればいいだけ(笑)。

のん え？(笑)

桃井 本当。そのうちなんとなくアドリブも効くようになってくるから大丈夫。

のん そうなんですね。シンプルだった(笑)。海外の役者さんの方が撮影現場でアイディア出したりするんですか？

桃井 私ね、向こうでもそんなにメジャーな世界にいるんじゃなくてインディーズにいるからさ。昔、『SAYURI』って映画に出たんだけど、あれから10年ぐらい経ってきたんで、そろそろメジャーな作品に出ないとやばいかなと思って。空港のイミグレーション通る時に、「女優？ どんな映画に出てんの？」って言われた時に、昔は『SAYURI』の話をすれば「ああ、あなたタバコ吸ってた人？」とか言われていたんだけど、10年経ってそろそろ効かなくなってきて(笑)。ちょっとスムーズに入国したいってだけでメジャー映画に出たのね。そしたら、メジャー映画の世界でもものすごく役者がアイディアを言う。「このシーンって、こっちの方が良くない？」とか、スタッフかと思うぐらい監督やプロデューサーと内容の話をしている。それは頼もしいなぁ、と思って。この間、スカーレット・ヨハンソンに言ったの。「それやると日本ではものすごく嫌われるんだけど、いいねー」と言ったら、「ものを言わなかったら役者じゃない。自分が面白いと思うアイディアを言わなかったらトップには行けない」と言っていた。

のん それは、実際に採用されるかどうかはともかく、言ってみるってことなんですか？

桃井 もちろんもちろん。そのレベルが高いってこともあるのよね。みんながクリエイターとして発言してるっていう。スカーレット・ヨハンソンも、そこらへんのシナリオライターよりも良い台詞を提案してたし。それから監督への質問がすごく的確で「すごいなこの人、映画をわかってる女優なんだな」って思った。あと、ウィリアム・ハートとか……私、メジャーな人と仕事してないから、そんなにいっぱい知り合いいないんだけど(笑)。ウィリアム・ハートもそうだった。作品の内容をものすごく理解していて、「すごいなこの人、映画監督にも簡単になれるんだろうなぁ」って思うぐらい、ものが見えている感じだった。日本の場合は「もうちょっとキレイに撮ってほしいんで、こっち側から撮り直して欲しい」とか、そういう時以外、女優が口を開かないのよ。待ち時間はエステの話とかね。残念でしょ。

「のんちゃんはどう演っているの？」

——桃井

桃井 私ね、一番最初、文学座に入ったんだけど、芝居を勉強したことないから……道へ出て、普通の人にどれだけ芝居だってバレずに台詞が言えるか？って訓練をしてたの。歩いている人にいきなり「あなた、ロミ雄なの？」「え、私、あの、ジュリ子です」みたいな(笑)。

のん 面白い!! 自主練ですか？

桃井 そう、自主練。あの時の私には文学座のお稽古ってあんまり役に立たなくて。早口言葉？ 陸上競技じゃないんだから早く喋ってもねえ、とか思ってた。後に、いっぱい早く喋る役が来た時に「早口言葉もやった方がいいな」って気がついたりしたけど。最初は、どれだけ芝居だってバレないように台詞を言えるかを目指してたから。普通はこの間《ま》で来るだろうなっていう間で来ないとか、そういう点では、よくいる訓練をした人たちからは相当嫌がられたんだけど。「はっきり言えよ台詞」「どこで終わんのかわかんないよ、おまえの台詞」ってよく言われて(笑)。その概念みたいなのと戦うのが本当大変だった。そしたら朝ドラ観てたらさ、周りはテクニカルな芝居をやっているんだけど、ひとりだけポンと違う存在の仕方してたから「この人すごいなあ」って(笑)。

のん うわあ、嬉しいです。私、桃井さんが演技されているのを見てて、そういう人にしか見えないというか、役にどうやって集中されてるのかな？っていうのが気になっていたのでちょっと解明されました。そういう訓練をしていたんですね。

桃井 のんちゃんはどういうやり方で演っているの？

のん どういう演り方？

桃井 あれ絶対自分なりの演り方があるでしょ。

のん うーん……私はその役を解釈する時に、自分に引きつけて考えます。自分の感覚にあるものから「こういうことかな？」って考えていって……っていう感じなんですけど。どう演ってますか？

桃井 私も絶対自分に引き寄せてる。私の場合は長くいすぎて、「桃井かおり」を使いすぎてるわけだけど(笑)。そうすると、ちょっと「桃井かおり」にも飽きるわけ。だからちょっと真っ当なこともやってみようかなと思って、普通の演劇的なことを本格的にやったら、自分がすごく上手いことに気づいちゃった(笑)。そしたら一気に俳優やってるのがつまらなくなっちゃって……で、1回辞めたりもしてるから。

のん そうなんですか。

桃井 うん、この仕事、何回も辞めてる。辞めていいんだ、って知ることも大事なんだよね。俳優とか歌手の人ってみんな、辞めたら死んじゃうみたいな感じでいるけど、「生きている」とか「女である」というのとは違って、ただの職業だから辞めてもいいわけよ。で、辞めてみると「なんでやりたかったんだっけ？」「なんで俳優じゃないとダメなんだっけ？ 絵を描くんじゃダメなんだっけ？」とか、そういうのが見えてくる。それでまた、芝居だとバレたくないなあ、素人とからめるような芝居らしくない芝居をしたいなあ、と思って俳優に戻るっていう。私なんか、もうちょっとしておばあさんになっちゃうとすごい楽だからね。ボケたフリするだけでおいしいでしょ？ 違う役ができるようになるし、歳とると何言っても大丈夫。樹木(希林)さんが前例を作ってくれてるし、その後に続けばいいだけ(笑)。他にもいろんな得なことがあるんだけど、ひとつだけね、やっぱり身体は鍛えておいた方がいいかも。やっぱり身体使いたいじゃない？ わかんないけど、なんか塀を飛び越えて登場したいと思った時に、飛び越えられない身体は嫌だなと思うんで(笑)。70歳ぐらいでアクションやってる俳優っていないと思うのよ。70歳に向けて身体鍛えてアクションものを目指そうかな。

のん　最高にかっこいいです！（笑）

桃井　若いのと老けたのの中間が辛いのよね。演劇的なエリアにいなきゃいけない、俳優らしくいなきゃいけない時間がね。でも基本的には表現をする人って、そういう人間だからさ。だから別に芝居じゃなくても、洋服作ってても、文章を書いてても、表現ができていれば同じことだし。で、ちょっと芝居を辞めてみたら、すごく芝居が良くなっていたりすることがあるの。なんか、こう、ナマっぽさを手に入れるって時もあるわけ。のんちゃんの場合も、ナマのまんまでずーっといてください（笑）。

「実生活では使えないところが気持ちいい」
——のん

のん　何度か辞めたことがあるっておっしゃいましたけど、やっぱりしばらく辞めていると演りたくなりますか？

桃井　演りたくなるっていうか、「自分の中の毒みたいなものを吐き出したい」って欲望だったり。ある意味、「本当の自分は素敵じゃないから誰かのフリをしよう」と思って作ったのが「桃井かおり」だったりする部分もあるからね。でも、頭で考えているわけじゃないから。身体が先に気がついていくことじゃない？

のん　なるほど。

桃井　もうね、ぬいぐるみも要らなくなったって感じかな。「桃井かおり」っていうぬいぐるみを着ている感じなんだけど、もうそれも要らない。今はね、本当にチャックがおへそのちょっと上ぐらいまで開いてますって感じ（笑）。海外の仕事で脱いでみたら「そんなに大事なぬいぐるみじゃないな」って気がついちゃったし。わかる？

のん　あ、そうですね。見る人が楽しまないと意味がないっていう部分で、どういう風に演じたらいいのかはすごく考えます。でも、どうなんだろう、私、きぐるみ……。

桃井　きぐるみを着てないから、けっこう痛いんじゃない？「貝殻の中に入って仕事すりゃあいいのに」って感じするよ（笑）。私たち、のんちゃん以外の人はみんなぬいぐるみ着てんのよ。だから、暑いし汗もかくけど、そんなに痛くないのよ。のんちゃんの場合、せっかく貝殻があるのに、ひとりだけ貝殻から出て仕事しているって感じがする（笑）。

のん　それ、想像すると笑えます！（笑）　どういう感覚なんですかね。もう本当に作られた自分っていう感じですか？

桃井　そうそう。

のん　私の場合、自分の中の使っている部分が違う、っていう感じがします。自分の中のこの部分を強くした方が、観ている人が楽しいだろうなっていうか。そのまま自分の好きな部分だけで出たらドン引きされるなぁっていう感覚があって、ちょっとここは隠しといてこっちの部分だけ出そう、みたいな。

桃井　ああそう。でも、それもナマだからね。最高の俳優はさ、1回ずつ違うところを使えるといいんだよね。自分の一番きれいなところ、一番優しいところ、一番嫌なところとかさ。イケナイところとか、ダメなところって、実生活では使えないんだけど、俳優って使えるじゃない？　そこがおいしいよね（笑）。

のん　そうですよね！　それが一番気持ちいいというかお得な部分というか。

桃井　すごくおいしい仕事だなと思うよね。自分の中にあるイケナイもの、人間として持ってちゃいけない、出しちゃいけないと思っている部分を「え？　使っていいんだ!?」っていうね。それが作品の中のキャラクターになっていくと、許されるわけじゃないけど、なんかこう……いいですよね。正直な感じがして。

のん　はい、すごくわかります。桃井さんがヤな女を演じても、「ヤな女」っていうキャラクターだけど、観てる方が受け入れてしまうっていうか、すごく魅力的な人に見えちゃうって思ったんですよね。そういう絶妙な感覚がすごいと思って。役のことをどういう風に考えてるんだろうってすごく興味を持ってしまうというか、どうやって演じていらっしゃるんだろうと思って……。

桃井　私がのんちゃんぐらいの年齢の時にいた芸能界は、いい人っぽい人は嫌な人だったよ（笑）。きれいどころはね、本当嫌なやつが多かった。それで、「この人って、いつも嫌な役やってるな〜」とかさ、汚《きたな》どころっていうの？（笑）　その汚どころは「この人、なんか知的でいいな」って先輩が多かった。だから、私は少なくとも人間的には汚どころ側でありたいなぁと思ってたのね。それでもメジャーでいるためには、可愛いぶらなきゃいけないとか、ちょっとあったかな。でも、私には無理だったの、可愛いぶるのは（笑）。まあ少しボケて生きるって手を使ったんだけどね（笑）。普段のインタビューもみんな求める答えは決まってるから、基本的に「どれだけ相手の質問に答えないか？」とか。私、頭の良さを相当隠してたから（笑）。それはやっぱり、ちょっと「どこかでなめられていないといけない」っていう位置関係があって、若い女優さんたちのポジションってその辺に設定されているんだよね。それがめんどくさくて、なるべく関わらないように生きようとしてる間にさ……。やっぱり私が1回（俳優を）辞めたのは、ちょっときれいぶったりしてるんだよね。本当はきれいじゃなくていい役なのに「主役はきれいじゃなきゃいけない」という概念に自分も汚染されていて。回想っていうと空見上げちゃったり（笑）「次週に続く」ってそれもんの顔したりさ（笑）。相当汚れが身についていたことに気づいたわけ。それで、「この女優さん、それもんになってんなぁ、1回辞めさせた方がいいな」とプロデューサー桃井としては思ったわけ。

のん　「桃井かおり」を？

桃井　そうそう。それで辞めさせてみたら、「あ、それでも使い勝手はあるし、なかなか面白い素材ではあるよなぁ」とは思えた（笑）。この間の『火Hee』なんかでも、腕良くなってるんで「桃井かおり」使わなくても全然できるし、そっちの方が評価高いのもわかってるし。でも、私としては自分の人生も入れたいわけよ。自分の俳優としての、あの苦しかった汚い時間、あれをつぎ込んでやらないとこの役できないなぁって。この役をやるのに「桃井かおり」使っちゃおうかな、そして使い捨てちゃおうかなってことですかね。だから「『桃井かおり』はもう演らない」って言ってるんだけど。そういう想いも入れてひとつの役を作らないと……。仏像だって、最初に入魂の儀式みたいなことをするじゃない？ 役も同じで、自分の64年間の人生を押し込めちゃおうって。それぐらいしないと映画にならないだろうなと思ったから。そのかわり、これで「桃井かおり」を辞められる気持ち良さと、もしかしたら本当に俳優を辞めてしまうかもしれない危うさは確保して、なんか、念力がかかったたって感じ？

のん　念力……！

桃井　だって念力かけてるんだもん。自分の嫌なところ、可愛いぶったりするところも、若ぶったりするところも全部入れて。それから他人の嫌なところをすぐキャッチして流せないという。それ、社会生活の中では出しちゃいけないよね（笑）。自分でも嫌だなぁと思ってるけど、俳優やってるから治さないわけ。治しちゃダメ、いい人になってどうすんの？ ってことなんで。だから「ここが使いどきだな」ってバンバン出しちゃう感じかな。でも、まぁ、現実にいたら嫌なくせに、映画の中にいればキャラクターとして見れるじゃない？ その相乗効果もあるよね、そこで私が受け入れられていくっていう（笑）。

のん　なるほど。

桃井　のんちゃんの場合、名前変えちゃったのも良いチャンスの気がするよね。たいていの人は、ひとつ当たったら、そのワンキャラクターで一生いくのよ。

桃井かおり●東京都出身。文学座養成所を経て1971年、『あらかじめ失われた恋人たちよ』で本格的映画ビュー。以後、『前略おふくろ様』（75年）、『幸福の黄色いハンカチ』（77年）、『もう頬づえはつかない』（79年）などテレビ映画問わず主演・出演作多数。2005年のアメリカ映画『SAYURI』出演を期に活躍の場をハリウッドにも広げる。06年、『無花果の顔』で長編映画監督デビュー、ベルリン国際映画祭でNETPACK賞ほか11の賞を受賞。2作目『火 Hee』もベルリン映画祭フォーラム部門に入選している。08年、紫綬褒章受章。

でも、名前を最初の頃で変えてしまうと、潔くなれる気がするよね。どんどん変われるっていうかさ。自分の作風が定まると、全部捨てて全然違うことをしたくなるっていうのが普通の神経じゃない？　それを俳優がやれたらすごいもんね。いっそこれから毎回名前変えちゃえば!?

一同　（笑）。

桃井　すごくない!?　毎回名前変えてやんのあいつ、みたいな。

のん　面白い（笑）。

「技術は手に入れないほうがいい」
——桃井

桃井　これはエッセイにも書いたことあるんだけど、画家の合田佐和子さんと若い時に知り合って。彼女はエジプトに住んでたりする人で、私も彼女に影響されてアフリカ行ったりしたんだけど。彼女が東京で個展をやるっていうので、観に行ったのね。彼女は目だけを描く人で、ものすごく上手に、写真みたいに描けちゃうわけ。で、「目だけしか描かないの?」って訊いたら「目以外に描きたいものがない」っていう、そんな人だからさ（笑）。それで、個展に行ったら、目じゃなくて、クレヨンでうずまきみたいな絵ばっかりになってたわけ。で、「あれ？　どうしたの?」って聞いたら、「私、目が覚めたの。私、絵が上手くなりすぎてると思うの。だから利き腕を折ろうと思ったの」って言って、右腕で描くのを止めて左手で描き始めたんだって。そしたらまた左手でも上手くなったんだって。今は足で描いてるんだって（笑）。

のん　（笑）。

桃井　あんまり上手くなっちゃうと才能が伸びなくなっちゃうっていうの？　感覚が鈍るっていうか、腕に頼るっていうか。作家として、産む人間として一番恐ろしいのは、産まれてこないことだから。だから利き腕を折ったという。彼女のこの話は、私の中ではすごく役に立っていて。腕に頼らない、頼った時にはパターンにはまるぞ、とかさ。だから、一番どう演ったらいいかわかんないシーンを私にくださいって感じ。どう演るのかわかんないまんま本番に入ってしまって、自分がどう演るかむしろ見たい。でも、朝ドラでまさにそれをやってたよね？（笑）自分の中で解決していないものが役の中にあるから、「こんなもんでいいんでしょ?」みたいな態度がひとつもないの。「この手の芝居でいいでしょ」みたいなのがまったくない。だからワンシーンワンシーンが見ていられる。それで、演出とか脚本もぶっ飛んでいたから、他の人は腕で演じていくんだけど、のんちゃんだけは直感的に演っていくから、どのシーンも技術じゃなくて「え？　その間でその台詞を言うかい!?」って感じが観ていてするわけ。だからすっごいおかしくてさ（笑）。おもしろーい、この人どうするんだろう？と思ってた（笑）。

のん　ありがとうございます。現場で直感的に動けるためにいろんな言い方で試したり役のことを知っていくっていうのはあるのですが、でも、そうですね。「こんなもんでしょ」っていう情報は自分の中にないですね。恥ずかしながら……。

桃井　それ、すごくいいよね。本当に情報がないのか、情報を殺せるだけの腕力を持っているのか、どっちかだと思うけど。あんまり慣れない方がいいよね、そのためにはなるべく仕事しないようにして（笑）。

のん　なんか、「こんなもんでしょ」っていう自分がちょっとでも見えたらドン引きしちゃいます。恥ずかしい〜ってなります。

桃井　そこが一番大事だよね。海外の俳優を見てるとさ、台本に書いてあったとおりには進んでいないような時間が流れるんだよね。はい、相手が台詞を言った、次に私がこれ言います、みたいなものがない。もちろん私も日本の全部の俳優さんとは共演してないけど、少なくとも「この人、どう来るのかわからない」と思った人って、本当に少なくて。台詞の途中で「ああ、脚本に書いてあったやつね、言い終わった?」みたいな（笑）、そういう時があるわけ。それは非常につまんない。でも、そこの現場で生まれたように台詞を言う俳優に出会うとワクワクしちゃうっていうか。

――桃井さんがこれまで共演されてきた俳優の中で、男女問わず他に「すごいな」と思った方っていうと誰になりますか？

桃井　イッセー尾形さんはすごいですよね。時間軸でいくと、イッセー尾形さんとのんちゃんの間に私がいる感じですかね（笑）。だからすごく技術的に演るか……いや、でも、結局は技術じゃないかもしれない。変な言い方だけど、技術は手に入れない方がいい。技術を手に入れなければ感じてやるしかないから、そっちの方が「発想力」をなくさないで済むかなっていう。技術ってさ、結局誰かがやった芝居をなぞるってことだから、本当は勉強しない方がいいんだよね。早口言葉はやってもいいかもしれないけどね。ダーッとまくし立てる芝居をしたくなった時にできないのは悔しいから。身体のトレーニングとね。くるって回りたいって時に回れない身体だったら嫌じゃん（笑）。そういう技術はあるけど……私たちがやっているのは歌舞伎とか狂言じゃないから。

のん　型を見せる、みたいな芸ではない？

桃井　うん。継承していく芸でもないし、「その人自身のアートが見たい」って感じだからさ。私の場合はシンガーソングライターみたいなもんで、監督も俳優も自分でやった方がやりやすい。「桃井かおり」ならノーギャラでも使えるし（笑）。

のん　私もこれから、演じることだけでなく、いろいろなことに挑戦してみたいです。脚本を書くのに興味があって……。

桃井　いいんじゃない。

のん　今、書き始めています。

桃井　脚本があるんだったら脚本を中心に、考え方を変えて撮ってみるのもありかもしれない。なんかのんちゃん式画期的な案があるよ。冒険家とか、発明家、みたいなところからしか何かは生まれないからね〜。私、最初の本を出す時に「自分で書いちゃいけない」って言われたの。「頭が良さそうなことはやっちゃダメです」って。その頃はきっと、タレント本はゴーストライターが書くものだったんだよね。でも、雑誌とかに文章を書き続けてきたら、今はタレントが文章を書くなんて当たり前になってるわけじゃない？　装丁なんかも「それは編集者が決めるものです」って何度も言われて、私にやらせてくれないわけよ。でも、それでもとにかくやっちゃうってことなのね。それを続けていくと「普通はやらない」みたいなことが、どんどんなくなっていくからさ。時間ってすごいよ。「そんなことしたら生きていけないわよ」とか「世間が許しません」って言われても、一周りするとみんな許すから。

一同　（笑）。

桃井　本当、やったもん勝ちよ。汚点も傷もシミも消えて私なんてまっさらよ。

のん　やったもん勝ち（笑）。

桃井　本当、笑っちゃうから。ファッションの流行がまた巡ってくるように、桃井かおりが叩きのめされて、また受け入れられて……って、3周くらいこの目で確かに見ましたから。だから自分はあんまり変わらない方がいいっていうかさ。媚びて世間側に巻き込まれたらどれだけ恥ずかしいか。ね？

「生モノ注意って（笑）」——のん

のん　あの、今日は質問したいことをノートに書いてきたんですけど……。

桃井　何でも訊いてみなさい。

のん　えっと……怖いものってありますか？

桃井　自分に嫌われることかな。自分で自分に嫌われたらちょっと怖い。それは嫌だな。相当な行儀悪いことはしていいけれど、神様に恥ずかしいことだけはしないっていうのは決めてるんだけどね。

のん　……。

桃井　何でも訊きなさい（笑）。

のん　わああ、ありがとうございます。あの、（桃井かおり氏が自身の小説を原作に、脚本・監督を手がけた作品）『無花果の顔』の監督インタビュー（DVD特典映像）を見た時に、「元にあるものを壊していきたい」って言ってらっしゃったのが印象的で、それってどういう感じなんだろう？と思って。

桃井　ひとつのことができるようになるじゃない？そしたらそれはもう2回やっちゃいけないって感じ。私さ、スペイン語の台詞がある役とか、けっこう引き受けるのよ。日本語の役だと上手すぎるから、壊すっていうか。ひとつの山を越えてしまったら、違う山に登るって感じなんだけど、1回登った山を見て初めて登る山のふりはできない。そこまで嘘つきにはなれないっていう感じ。あんまり考えすぎないように、基本的に毎日の暮らしをいい加減な扱いにしないで、ちゃんと向き合っていれば、その姿勢を積み重ねていれば、自分の身体は進化していると思うんだよね。そしたら、どんな状況に置かれても自分は俳優として表現するだろうと思うし、そこには私のメッセージを込めたいからさ。でも、たぶん、他の人はたいして自分のメッセージを入れたくないんだと思うんだよね。私は自分の面白いと思っているメッセージが入っちゃうから。入らなきゃ作品にならないんだよね。

のん　なるほど、そういうことなんですね。

桃井　そういう感じだから、やっぱりひとつ作品ができるごとに、どんどん捨てていった方がいい、別の山に登ったほうがいいっていう。だから逆に、いま勇気というものの使い方が上手になっていて。企まなくても才能だけで作品は作れるはずだと、すっごく思っちゃってるの（笑）。事前に脚本って要るか？映画のコンセプトって決める必要あるか？撮ってみなきゃ、その場所に行ってみなきゃ生まれない凄さってあるはずじゃない？とかさ。「私、必ず夜中2時に目が覚めちゃうんです」っていう大学生の女の子がいたの。その子に、私、「2時に1回カメラのシャッターを押せ」っていう宿題を出したのよ（笑）。そしたら、すごく良い写真を撮るわけ。起きた瞬間、何の自意識もない時に、ふとシャッターを押すっていう行為。そういう条件で作品を作ってったらさ、絶対に何かの神様が降りてくるはずじゃないかなと思って。私たちのような神がかりな女は特に（笑）。

のん　あの、うーん……すごい登りにくい山とかってないんですか？1回挑戦してもなかなか難解な山みたいな。

桃井　その登りにくい山を登るのがクライマーとしては喜びなんだけど（笑）、逆もあるじゃない？大きな山にぶち当たることもあるじゃん。ある日ね、自分が爬虫類の中に入っている夢を見たことがあるの。ちょうど、すごい悩んでる時に。で、その爬虫類の前に大きな山があるのよ。で、登れないんだよね。そしたら、その爬虫類は、くるっと山の横を通って向こう側に行くのよ。ああそうか!!ってなって。「なーに登ってんだよ、回避すればいいんだ！」って感じですよね。これ、本当の話なの。壁にぶち当たっていく爬虫類はいない（笑）、壁にぶち当たったらその壁を回避すればいいだけだと（笑）。

のん　ええ～！盲点ですね。

桃井　登れないのは、たぶん、登りたくないか、登らないほうがいいか。身体がわかってるから、私の場合は夢で教えてくれたんだと思う。あのね、こういう話は他の俳優にはしないよ。のんちゃんだから言っとくって感じなのよ。

のん　え!?

桃井　私たちは生モノだから、すごく気をつけなきゃいけない。私の言ってること、全部わかるよね？

のん　はい、私の中での解釈ですが。私は、ひとつの役ごとに、とか、ひとつの仕事ごとに、というよりも、演技とかもの作りの山が一緒になっていて、そのひとつの山を登っている感覚です。極端な性格なのか。なので他に山があるなんて見えてもいなかったというか。登りにくかったら今度から避けて麓の道を通ります。

桃井　そう、回避だね！「山、登れないんです」「じゃあ登らなければ？」っていう（笑）。私たちのような生モノの……貝みたいな肉体を持っている人たちは普通の人よりも勘が鋭いから、ちょっと早く「登った方がいいかもしれない」と気づいて登り始めてるのかもしれないし、それを世間は応援してくれなくても「映画の神様」は見ていると思うんだよね。のんちゃんは絶対にそのまま大丈夫だから、というお札を付けたほうがいいかなと思って今日は来ました（笑）。

のん　お札には「生モノ注意」って書いときます（笑）。

桃井　「乾かないように、時々は貝殻に入ってね」という感じです。

（2016年11月17日収録）

人を楽しませる姿勢

定評ある忌野清志郎さんのモノマネだけでなく、最近は太田光さんと夏目三久さんのモノマネがマイブームの、のんさん。その道のグランドマスター・清水ミチコさんから極意を聞き出す機会になるかと思いきや……おふたりの素が覗けるゆるふわトークになりました。

憧れ対談 2:

清水ミチコさん×のん

清水　会うの、いっつも廊下だね（笑）。朝ドラに私がちょこっと出たことがあって、そのときに廊下でお会いして。それが初対面。2回めが、矢野顕子さんのコンサート（2016年3月28日＠東京グローブ座）に私がたまたまゲストで出たことがあって。それにのんさんが来てくれていて、楽屋の廊下でばったり会って。

のん　本当だ！　廊下ですね。

清水　今日は雑談するって気分で喋ると楽なんじゃないですか？　ほら、いつも照れ屋さんのイメージだから。

のん　よろしくお願いします……。

清水　（忌野）清志郎さんのモノマネ、上手いですよね。

のん　ふふっ、やったあ。

清水　大体の人はもう少し大げさにやるんですけど、過剰じゃない、普通な感じが本当に上手いと思った。「核」を上手に捉えている感じがして、やっぱ好きってことはそういうことなのかな、と。清志郎さん以外、誰かのモノマネしたことある？

のん　えっ……ポケモンとか。

清水　ポケモンの誰？

のん　ピカチュウとか、トゲピーとか。ラジオ番組の中でやったことあります。でも、私の場合、自己満足的な感じです！

清水　誰だってそうだよ。

のん　そうだ！　私のモノマネ、この間テレビでやってくださってましたよね（TBS「A-Studio」2016年9月9日放送回）。あれすごく嬉しかったです。

清水　そうそう。ポイントとしては「私が私が！」って感じじゃなくて、ちっちゃい動物がちょこちょこっと喋って、さっといなくなる感じをイメージしながら真似してます。

のん　間の置き方が自分はこういう感じなんだな、と思って……。さっき顔マネのご本（『顔マネ辞典』）を拝見させていただいたんです。すごく楽しかったです。行き過ぎてて！

清水　本当？　ありがとう。ああいう、何かね、人を冷やかすようなことが小さい頃から好きで。似てようと似てまいと、なりきるのが好きなんだよね。女優さんもそういうところがあるよね？　想像して、誰かの気持ちになりきるとか。

のん　そうですね。共通する部分がありますね！　その人の表現を盗もうと、普段からモノマネしているところがありますし。

清水　昔からそういうことが好きだった？　マンガとか読んでいても、主人公になりきっているみたいな。

のん　子供の頃はそういう感じはなかったかもしれないです。

清水　嘘つけー！

のん　えー！　あ、でも、あったか（笑）。中学生のときに『ギャグマンガ日和』（増田コウスケ）が流行って、そのマネを友達とやってました。あとは、ポケモンのモノマネ大会。ネタが尽きたほうが負け、みたいなのもやってました。清水さんは、友達とそういう大会とかしてましたか？

清水　しないの。ひとりの世界でずっとやってましたね。親に聞かれるとすごく嫌だから、自分の部屋に入って、鍵かけて、聞かれない程度に矢野顕子さんとかユーミンさんにずっとなりきって。今でも、自分の時間に浸るのはすごい好き。最近は小池百合子さんになってます。

のん　あははは（笑）。ステキです！　おひとりで自由にやるんですね。

清水　だから、こんな仕事で良かったと思う。そうじゃなかったら本当の変な人と思われそう。

「お金かかんない人生だね」——清水

清水　お休みの日なんかは何してるの？

のん　寝てるときと……あ、洋服作ったりします。

清水　よく面倒くさくないね。楽しいんだ。

のん　楽しいです。

清水　ちゃんと寸法を計って作ってるの？　それとも適当に作ってるの？

のん　ちゃんと作ってます。布をこうやって体にあてて……。

清水　それ、「適当」って言います。

のん　確かに！　面倒なことを省いて作ってますね。

清水　それはお仕事では着ない？　私服だけ？

のん　そうですね。私服で着てます。清水さんはお休みの日は？

清水　私は映画行ったり、美術館行ったり、ジム行ったり。普段やらないようなことをしてるかなあ。のんさんは旅行とかもしなさそうだよね。

のん　旅行は確かにしないですね。

清水　ひとりで旅行なんかしたことないよね？

のん　ないですね。

清水　もし行くって言ったら私も止めるわ。何か心配。

のん　気をつけます(笑)。

清水　芸能人では誰と仲良いんですか?

のん　誰と仲が良い……えーと……。

清水　渡辺えりさんとか?

のん　そうですね。えりさん、よく舞台に誘っていただいてます。あと、蔵下穂波ちゃんっていう沖縄の子です!

清水　あれだけヒットして、すれてないのとかってすごいね。すれてないっていうかさ、「私はすごい女優なのだ」っていう感じがなくて。

のん　いや、もう、すごい方たちに囲まれていたので、自分は一番下っ端だって思いながらやっていたので。

清水　えらい。宮藤(官九郎)さんとは何回か会ったの?

のん　はい。何度か。

清水　宮藤さんのバンド(グループ魂)も観に行くと面白いですよ。

のん　楽しそう。

清水　フェスなんかも観に行かない?

のん　フェス、行ったことないです。行きたいです。

清水　でも、ファンに見つけられて大変なことになるのかな。

のん　いや、大丈夫だと思います。清水さんも大変なことになりそうじゃないですか。あ!でも、そこでモノマネを使って、違う人になりきって?

清水　ははは(笑)。そうだね。じゃあ、お金かかんない人生だね。洋服作って、旅行も行かず。

のん　確かに。

清水　「高級ブランドのバッグを買って、ご馳走食べたい!」って人でもないもんね。

のん　そうですね。食堂みたいなお店とか、ラフなカフェが好きです!

清水　本当にいい子だなあ。ひとりっ子?

のん　下に妹がいます。

清水　妹さんは全然こういう業界は興味ない?

のん　興味ない感じですね。

清水　仲良しなんだ。

のん　今はすごく仲良いです。中学生まではそれこそ殴り合いみたいな(笑)。

清水　ははは、マジか。家族ってどこにいるの?

のん　兵庫県にいて。

清水　あなた兵庫の方なの!?

のん　はい。

清水　見えない!

のん　よく言われます、見えないって。

清水　自分でも兵庫県っぽくしてこなかったとか。

のん　いやいやいや、そんなことではないんですけど。最初こっち(東京)に来たときに関西弁で喋ってたら、そのとき声も低くて、こもった喋り方してて。言葉もキツめの土地なのですが、それがルックスと合わないんですよね。柔らかい人に見えるルックスだから、二面性があると思われるというか、本当はお腹真っ黒なのねみたいに勘違いされるので、直しました。

清水　へーえ。他人に言われたことはけっこう聞く人なんだね。

のん　そっちのほうが有利だなと思ったら……。

清水　あははは(笑)。それ言い方変えましょう。有利って、活字だと印象が悪いから(笑)。兵庫のどのへんなんですか?

のん　真ん中らへんにある山の方のローカルなところで。兵庫県の方も知らないような田舎なんですけど。すぐ山に登れるのが良いところですね。

清水　妹さんは東京に出ようと思ってないの?

のん　思っていないみたいですね。

清水　だって、兵庫の人が知らないような田舎だったら、若い子にとっては遊びは面白くなさそうだけどね。

のん　そうなんですよ。なんか、大阪に行くとは言ってました。

清水　大阪までは近い?

のん　東京よりは近いです!

清水　当たり前(笑)。おもしろーい。悪い人に騙されないでよかったね。ここまで来るのに。

のん　そうですね(笑)。

清水　本当にメンタルがきれいなままで。運も強いのかな。それで衣食住にあまり文句言わないもんね。

のん　そうですね。食べ物はポテトチップスが一番好きなので、それ以外だと「嫌いなものじゃなければ」って感じですね。

清水　そっか、まあ3食ご飯がっつりってタイプじゃないもんね。私たちの世代って、いやに食べ物に対する執着が強いんですよ。のんさんの世代の人ってゆとりじゃなくてさとり世代って言われてるんだっけ。

のん　私はまだ言われたことないですけど、たぶんそうですよね。

清水　さとり世代は今の大人みたいに「いいクルマ欲しい」「着飾りたい」「いい時計欲しい」がなくて、食事も質素でいいし、クルマいらないし、っていう。まさにそんな感じがする。お金貯まってしょうがないんじゃないですか? もしかして。

のん　え……。

清水　だって、全然使わないでしょ?

のん　いやー、うーん。

清水　「ああ、ついこんなに買ってしまった!」みたいなことはないの?

のん　洋服とかはあります。

清水　そっかー。女の子はみんなそう言う。洋服って高いよね、びっくりするほどキリがない。

のん　なので安いのを探します!

清水　洋服はどこに買いに行くの?

のん　下北沢の安い古着屋さんとか、あと仙川にすごい安いところがあって。

清水　金かかんないなあ(笑)。

「ぶれない人になりたいです」――のん

清水　将来こうなりたいとかっていうのはそんなにない?

のん　あ、あります。

清水　夢は何?

のん　めちゃめちゃ恥ずかしいし、めっちゃおこがましいんですけど……吉永小百合さんみたいになりたい、とか……。

清水　意外。吉永さんはどういうところがいいと思ったの?

のん　えっと、なんだろう、どんなに年を重ねても輝いているところ、日本全国民のスターであり続けているところがかっこいいなあと思って。印象がずっとブレないというか。

清水　昔からね。

のん　私もブレない人になりたいなと思って。

清水　ちゃんと見てるんだね。失礼ながら(笑)。会ったことあるの?

のん　見かけたことはあります。

清水　どこで?

のん　受賞式みたいなところで。

清水　受賞式ってことは、そのとき自分も受賞したんでしょ?

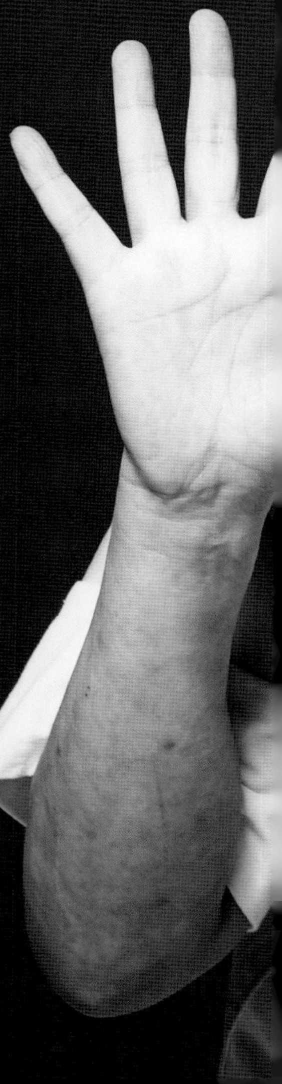

清水ミチコ●岐阜県出身。ラジオ番組の構成作家を経て1986年よりライヴ活動開始。松任谷由実、桃井かおり、矢野顕子などをレパートリーにした個性的なモノマネ芸が注目され87年より『笑っていいとも!』『夢で逢えたら』などに出演。現在、テレビ『所さんの学校では教えてくれないそこんトコロ!』、ラジオ『高田文夫のラジオビバリー昼ズ』他に出演中。近年は日本武道館での単独ライブも成功させている。DVD、著作および連載多数。

のん あ、そうです！

清水 出た。素人っぽーい(笑)。ところでなんの仕事が一番好き？ 今のところ。

のん やっぱり、演技のお仕事が自分を形作ってると思います。

清水 へえー。私、お芝居がすごい苦手で。あれさ、どうやったら恥ずかしくないの？ 朝ドラ出てたときは、黒柳徹子さんになりきる役だったから全然平気だったんですけど、素で芝居をするっていうと、もう、すっごい恥ずかしいんですけど。

のん たしかに本当は恥ずかしいですよねって思います。ひとりの人間を演じるからには、かっこいいばかりじゃないですもんね。その役のダサいところも表現するとなると、自分のダサい部分を使ってその役を解釈していくから、めちゃくちゃ恥ずかしいところを晒しているということなんですよね。自分と100%切り離して外を作っていれば恥ずかしくないかもしれないけど。使っているのが自分の感情だと恥ずかしいものですよね。

「ハワイ行っても海で泳がなそうだもんね」
――清水

清水 ライブとか観に行く？

のん 時々しか行かないですね。

清水 ここ1年くらいで行ったのは？

のん 行ったかな……行ってない気がする。あ、サンボマスターとか。

清水 サンボマスター、泣けるよね。私、めっちゃ泣く。

のん すごくひたむきな汗の匂いを感じるというか。

清水 いまどき珍しく客層に男の人が多いんだよね。

のん 青春の汗。

清水 あっちは知ってるの？ のんさんが来てること。

のん ご挨拶しました、そのとき。

清水 時々ジョギングしようと思って、ジョギングに良さそうな曲をiPhoneに集めといて走るんですけど、シャッフルでサンボマスターがかかると泣きながら走ってしまうから困る(笑)。

のん 涙もろいほうなんですか？

清水 うん、昔から。あと、もともと泣くのが好き。

のん そうなんですね！ 私は、泣くのが苦手で。悔しいとガッツリ泣くこともあるんですけど。

清水 意外！ そうなんだ。

のん 感動して泣くっていうのがあんまりなくて。ちゃんと感動はしているんですけど。

清水 『火垂るの墓』見た？

のん あ、泣きは……しないです！

清水 強ぇー！

のん (笑)。

清水 じゃあ『君の名は。』も泣かないかなあ。

のん 泣きました？

清水 うん。ちょっときましたね。ちなみに私は人が楽しそうに歌ってることにものすごく弱くて。ディズニーランドのパレードがもうダメ。「もうやめて！」っていうくらいグッときちゃう。

のん　すごく楽しい催し物なのに！
清水　そうなんだけどね。ねえねえ、意外と運動神経良かったりします？
のん　普通です。そこまで良くないです。
清水　体育の成績は3か4かって感じ？
のん　はい。清水さんは？
清水　悪いです、悪いです。
のん　部活とかは？
清水　部活は卓球をしてました。のんさんは何だったの？
のん　私、軟式テニス部でした。今、筋トレしたり、バレエ習ったりしてます。
清水　素晴らしい。まあでも生活はインドア派なんですかね。どっちかというと。
のん　そうですね。でも最近わかってきました、景色を観る楽しさが。
清水　ほうほう。
のん　前までは景色を観て楽しむことができなかった。
清水　若い頃はそうだよ。景色のどこがいいんだっていうのがあった。じゃあ海外旅行欲もそんなにないんだ？　ここ行きたいとか。
のん　あ、建物がキレイなところとか観に行きたいなと思います。
清水　ハワイとか行ったことあるんですか？
のん　1回だけあるんですけど、それもお仕事でしか行ったことがなくて。
清水　ハワイで何の仕事があるの？
のん　そのときティーン誌のモデルをしてて、撮影ですね。
清水　めっちゃ楽しそうじゃん。1週間くらい？
のん　2〜3泊くらいしかしてないです。虫がいないですよね？
清水　いるよ(笑)。よほどの都会地だったのかな。ホノルル？
のん　だったと思います。
清水　ハワイ行っても海で泳がなそうだもんね。
のん　そのときは海で泳ぐ楽しさが全然開発されてなかったので……。
清水　開発って(笑)。

「人を楽しませるということに素直でいるのが大切ですよね」
——のん

清水　今までで大失敗したことって何ですか？
のん　大失敗……。
清水　台詞はわりと？
のん　けっこう覚えられるほうです。
清水　そうなんだ。
のん　お仕事に1時間遅刻したことがあります……。あ！　そのときは泣きました。号泣しながら「すみません！」って。そしたらドン引きされました！
清水　へー。私は小さい頃、お母さんと喧嘩して、すごく泣いて、しゃくりあげてたのを、横で弟がずっとマネしてて。
のん　あははは(笑)。
清水　怒りと悲しみが同時にやってきて「やっ、やっ、やめてよ！」って。あれは地獄でしたね。そういえば、友達の前でモノマネとかやるんだって？
のん　披露するとけっこう引かれます。
清水　素人に引かれるって(笑)。ちなみにそれは何のモノマネをやったんですか？
のん　その場にいる友達のモノマネをしたりして。
清水　失礼だからだよそれ(笑)。
のん　(笑)友達のモノマネはしないですか？
清水　よっぽど個性があるときでもやらないかなあ。でも、たいてい、人ってモノマネされると嫌なもんだからね。「おまえが言うな」って感じですけど(笑)。
——おふたりの共通点を考えたんですけど、のんさんも清水さんと同様、コメディエンヌの才能がすごくあると思うんですよね。
清水　そう！　そうだ。朝ドラだってさ、のんさんのコメディエンヌの才能が開花していたと思うんだけど。でもコメディ系って、できない人もすっごい多いの知ってる？　セリフが与えられたらみんなできるんじゃなくて、あれは本当にもともとの才覚あってのことなんだってよ。頑張ってください。というか、吉永小百合さんとコメディエンヌの両立ができるかもしれないね。そしたら吉永小百合さん以上ですよ。
のん　両立したいです。すごい、私の夢のハードルが、どんどん高くなっていく……。
清水　私は今のままでいけば、すごくいいと思いますけどね。
のん　恥ずかしいという思いはありつつも、この職業はやっぱり、人を楽しませることに素直でいることが大切ですよね。清水さんはその部分をどんな風に捉えてやってらっしゃるのかな、と思って。
清水　うーん、他の人と比較しちゃって「自分ばっかり何もできない」って思っていた時期もあったんですけど、今思うと、やっぱりお客さんや周りのスタッフの笑っている顔に、私はすごい幸せをもらっている感じがしてて。「それが続けばいいや」と自分は思うので、のんさんも「自分にとって何が一番満足できるか？」みたいなことを考えると、それが結局は自分の幸せにつながるし、幸せな人は周りを幸せにするから、このまま素直にいくといいと思いますね。だって、やりたいと思ってるからやってるんでしょう？
のん　はい！　やりたいことにストレートに向かっています。
清水　いろんなことをやっていくには、あんまり他人の顔色をうかがわないで、自分の楽しいと思ったことを続けていくと、作品のほうも花が咲くというか、いつの間にか「なるほど」って人は注目するようです。
のん　なるほど。楽しそうな人や、この仕事が好きなんだなあ、って感じられる人を見ると幸せになりますね。私もがんばります！

（2016年10月31日収録）

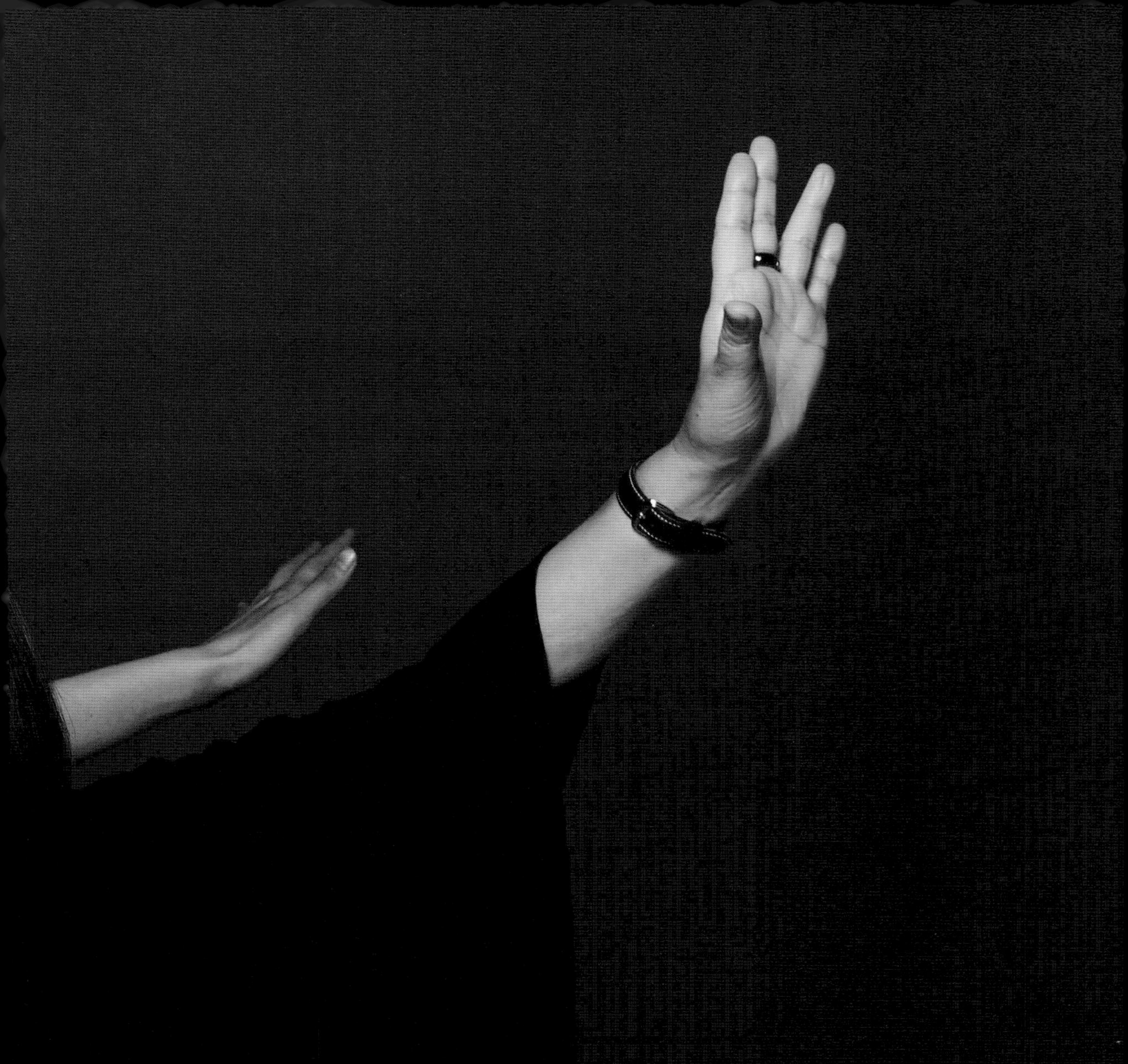

当たり前のように、
そうするべき道をずんずんと

対談の合間、のんさんが「自分の曲で特に好きなものは何ですか?」と訊くと、矢野顕子さんは笑いながら、こうおっしゃっていました。「スティングが、そんなの決められない、自分の子供たちの中で誰がいちばん好きか言えないでしょ? って、うまいこと言ってましたね……まあ、さすが子どもが6人いる人の言葉ですけど(笑)」なんとも言えないユーモアにあふれる、矢野顕子さんとのんさんの温かな会話を、どうぞお楽しみください。

憧れ対談 3：

矢野顕子さん×のん

矢野　髪の毛、きれいだね。
のん　わ！　ありがとうございます。
矢野　いいですね、このくらいのボブ、似合う人はなかなかいない。顎がきれいな人はやっぱりよく似合いますね。
のん　ええ、ありがとうございます。
矢野　あれ見たよ、忌野清志郎《きよしちゃん》のモノマネ（『ひとつだけ』を矢野顕子と忌野清志郎がデュエットした時の忌野清志郎パートのモノマネ）。よくできるね（笑）。
のん　そうですよね、お恥ずかしい〜。
矢野　うそうそ。どんどんやって（笑）。
のん　私がいちばん最初に矢野さんの曲を聴いたきっかけは、夜眠るときにリラックスできる曲を探していたら、友だちに矢野さんの曲をお勧めされて。でも、聴いたら興奮して眠れなくなって。
矢野　ふふふ、だよね。私も寝る前にはちょっとオススメしないですね。
のん　そうなんです。でも、興奮して眠れなくなるのがわかっているのに毎晩聴いてしまって……。
矢野　そうですか。そんな風に使っていただいて。音楽は他にもいろんなのを聴くんでしょ？
のん　そんなにたくさんではないですけど、聴きます。気になる曲は聴くって感じですかね。
矢野　いつもスマホに入れて、とか？
のん　いえ、家で聴きますね。外に出るときはあんまり聴かないです。
矢野　あ、そう。今の人はね、耳から（ヘッドホンの）白いヒモが垂れてて、よくあれで歩けるなって私は思うんですけれど。
のん　そうですね。
矢野　私も音楽を聴くときはクルマの中がいちばん多いんです。あと、ダウンロードはあんまりしないで、CDでちゃんと買うの。で、なんとなく音楽を流しておくのではなくて、プレイヤーにCDをセットしてちゃんと座って聴く、みたいなことが多いですね。音楽を聴いていて、気分がバッと変わった経験はありますか？
のん　あります。矢野さんの曲を聴くと興奮してきて、子ども返りしちゃうんです。家の中、走り回ってます。
矢野　（笑）それはとっても聴く力がオープンなんですね。わりとどんなアートに対してもそうですか？
のん　そうかもしれないです。
矢野　芝居や映画でも？
のん　そうですね。素敵なものを観るとけっこう影響を受けるかもしれないです。感情が掻き立てられるというか。
矢野　映画もいっぱい観るの？
のん　いっぱい、ではないです。同じものを繰り返し観たいほうですね。
矢野　たとえば？
のん　最近繰り返し観ているのは、『ズートピア』。少し前に初めて観たんですけど、思っていたよりかっこいい話で。まったく隙のないエンタテインメントで。矢野さんはどういう映画を観ますか？
矢野　ここ1年くらいはあんまり観ていないんですけど、10年くらい前はNetflixで片っ端から観ていました。というのは、自分と同年代の人たちが映画やお芝居を楽しんでいた80年代に、私は子育て真っ最中だったので。やっぱり育児をしていると、真っ先に犠牲になるのは映画とか、お芝居とか、コンサートに行く時間。だから、子育てが一段落して、自分の時間が自由になってからは猛烈に映画を観始めて、みんなが観ていたものを追体験していく感じで。でも、アメリカの人たちは字幕を読むのが苦手なので、日本映画やヨーロッパの映画ってアメリカではあまり手に入らないんです。だから、わりとアメリカのものばっかりですけどね。私も好きな映画は繰り返し観ちゃうタイプかな。あの、クレア・デインズって人、知ってる？
のん　いえ。
矢野　もともとはティーン・エイジャー役が得意だった女優さんなんですけど、ものすごく演技力のある人で。彼女が主演した『テンプル・グランディン（Temple Grandin）』という映画があって。実在する動物学者の名前をタイトルにした、実話なんです。
のん　そのテンプル・グランディンさんって、ご存命の方なんですか？
矢野　そう、たぶん私と同い年くらい。で、その人がいわゆる自閉症《オーティズム》と言われる人でありながら、「自閉症の人はこういうことを考えている」ってことを、当事者として説明できる能力の持ち主で、自閉症の啓蒙活動をしている人なの。自閉症を抱えている普通の人たちは、同じような想いをしているんだけど説明できないから。あとは、家畜の権利保護活動もしていて、牛に優しいスローターハウスの設計で特許を取ったんじゃないかな。クレア・デインズって女優さんは、この作品でゴールデングローブ賞を受賞しているんですけど、本当にそういう人としか思えない、素晴らしい演技力なんです。この映画、日本で上映されていないんですけど、自分で字幕翻訳やってもいいくらい。のんさんにぜひ観て欲しい。おそらく女優さんだったら演じたいだろうなあ、と思う役です。のんさんにぴったりかも。
のん　観ます！　観たい。
矢野　はい。だから、まあ、同じものを繰り返し観るって話でしたよね。そうですねー、同じものをいっぱい食べたりしますか？
のん　あ、そうですね。決まったものになりますね。
矢野　あら、そう。じゃあ、ちょっとその傾向ですね。決まったことを決まったようにするの、好きですか？
のん　そうですね。かっちり決めているわけじゃないんですけど、生活の中で新しいことに挑戦したり、新しいメニューに手を出したりすることはあまりないですね。
矢野　んーなるほど。よくわかります、はい。
のん　矢野さんも、手を出さないほうですか？
矢野　私は出します（笑）。はい、次の話題にいきましょう（笑）。

「やりたいことしかやりたくないよね」
——矢野

のん　えっと、10代の頃から音楽を作ってそれを仕事にしていらっしゃいますよね。その感覚が想像できなくて……どういう感じなんですか？　いつ頃から自分の曲で、プロでやっていくと考えていたのですか？
矢野　私の場合、本当に小さい

頃からピアノを弾くことしか能力がなくて、他は全然ダメだったり、興味がなかったり。小学校低学年の頃から「将来は何になりたい？」って訊かれたら、「ピアノを弾いてます」って答えていた。家族や周りの人たちも「アッコちゃんはもう、ピアノを弾かせておくしかないね」ということで。というか、本当にピアノしかできないので、私、ピアノを弾くこと以外で収入を得たこと、一度もないの。

のん そうなんですね。うはあ、かっこいい……。

矢野 アルバイトも一度もしたことない。

のん 当たり前のように、するべき道をズンズンと。

矢野 そうそう、ズンズンと。でね、あまりにもそういう存在を見ると、周りのみなさんが「この人はしようがないな」って、たぶん思ってくださって。いろんな人たちが助けてくれたんだと思うのよね。そういうのはないですか？

のん あ、そうですね。私も「女優の仕事がなかったら野垂れ死んでそう」みたいなことを妹に言われてショックだったことがあります（笑）。

矢野 そう！ じゃあやっぱり小さいときからそうだったの？

のん 小学生くらいの頃は、いろんなものになりたかったんですね。小学1年生のときに「パリコレモデルになりたい」って言い始めて、あとは「イラストレーターになる」とか「お笑い芸人になる」とか、いろいろ言っていて。中学生くらいのときから目覚めた感じなんですけど。

矢野 何か他のものになりたかったの？

のん 面白そうなことに挑戦したかった、みたいな感じですね。で、中学生でティーン誌のモデルになりたくて応募して、そこから芸能活動が始まって。そこで初めて女優っていう仕事を認識したっていうか、興味が湧いた感じですね。

矢野 演じることは、実際にやってみて楽しかった？

のん 楽しかったんです。

矢野 おー良かったね！

のん ラッキー。

矢野 やっぱりやりたいことしかやりたくないよね？ 基本。

のん そうですね（笑）。

矢野 演技、私はまったく才覚も興味もないですけど、人が演じているのを見るのはもちろん好きよ。

のん まるで息をするように音楽が自分の中に馴染んでいるってことですよね。すごい。

矢野 そうねー。ピアノを弾くってことが自分にとって何ら特別なことじゃないのが、おそらく3歳くらいの頃から。その感覚は全然変わってないと思うんです。ピアノを弾くことは一度も嫌いになったこともないし、休みたいと思ったこともない。弾けるもんならずっと弾いていたい、みたいな。だから、職業・ピアニストで、趣味もピアノを弾くこと。

のん 素敵ですね。

矢野 ねえー。本当。

のん あの、「矢野顕子 40th Anniversary ふたりでジャンボリー」（2016年3月28日、ゲスト:石川さゆり）を観に行ったとき、お客さんにリクエストを訊いておいてから、誰もリクエストしていない「さくら」を弾いていましたよね（笑）。

矢野 そうそうそう（笑）。

のん あれがすごい楽しかったです。

矢野 訊くだけ訊いて「それはあなたが聴きたいものであって、私が弾きたいのは違う」って言って（笑）。ひどいよねー。あれはまったくの即興ですね。あのときのピアノは、自分でも素晴らしかったと思う。誰のことも考えていないっていうか、自分のためにも弾いてないし、「みなさん聴いてね」も「私はこれだけ弾けるのよ」も、何もない。本当に自分の中から出てくるものそのまんま。ああいうことは滅多にないですね。

のん きゃー、貴重な瞬間だったんですね。ありがとうございます。

矢野 いえいえ、とんでもないです。

「鼻ピアノ？」 ——のん

のん あと、私が矢野さんの曲を聴いててすごく感動するのが、明るい曲調でも矢野さんの声には痛みを感じるというか。すごく楽しくて爽快な曲でも胸がキュッてする感じがあるんです。

矢野 あ、そう。

のん なんか意識されていることってありますか？

矢野 うーん……自分がやっているのは歌詞がある曲なので、やっぱり歌の役割は「歌詞の内容を伝えること」だと思っているのね。でも、たとえば「私はあなたが好きです」っていう歌詞があったとして、その言葉が持つ情報の裏にはいろんな感情があるわけじゃない？ そういういろんな感情を全部ひっくるめて「私はあなたが好きです」って私が歌ってるとしたら、あとはきっと聴く人のアンテナの位置なんじゃないのかなー。たとえば、すごく辛い思いをしている人の受け取る「あなたが好きです」は、知り合ったばっかりでラブラブなカップルの「あなたが好きです」とは全然違う。だからきっと、のんさんが思った気持ちっていうのは、自分自身の気持ちなんじゃないかな。

のん そうかもしれないですね。私は、役を解釈する時に、どんな役でもその人の痛みはどこにあるかというのを大切にするんです。その方がドラマチックになったり薄っぺらなキャラクターにならないというか。

矢野 私は意外と、考えているようであんまり考えずに歌っているんで。あと、自分の書く歌詞が、わりと単純なものが多いので。あまり状況や状態に左右されない歌詞が多いから、たぶんいろんな受け取り方ができるんだと思うんです。のんさんは自分で詞とか書きますか？

のん ここ3ヵ月くらいなんですけど、こっそりギターで曲を作っています。

矢野 あ、そうなの！ 自分で歌う？

のん そうですね。恥ずかしい。

矢野 いいじゃん。それは発表することを考えて？

のん あ、じゃなくて。「ちょっと作ってみちゃったりして」みたいな感じで。

矢野 いいじゃんいいじゃん。楽しいでしょ？

のん 楽しいです。矢野さんは曲を作るときってどういう感じで作るんですか？ 「アルバム出すぞー」みたいな感じなのか。

矢野 そういうこともありますし、まったく何も考えていないときに、なんとなく詞とかメロディーの切れ端が出てきて、「なんかいいじゃない？」って思っ

たらそれを書きとめたり録音したり。それから、一番多いのはピアノの練習しているとき。なんとなく鼻歌というか、鼻ピアノって言ってるんですけど……。

のん 鼻ピアノ?

矢野 そう、鼻ピアノから何となく歌が出来上がる、みたいなことが多いかな。じゃあ、のんさんも今後コンサートをすることがあるかもね。

のん ひゃー　頑張ります!

矢野 伴奏が必要でしたら、私やりますから。

のん え!?

矢野 私、伴奏、上手いよ(笑)。

のん 怖い怖い!

矢野 怖くない怖くない。大丈夫。

のん いやいや、ありがとうございます。じゃあよろしくお願いします。ぜひ。

「子どものままでいたいと思う?」——矢野

のん 矢野さんのすごい自由な歌声って、幼い頃から確立されていたんですか。

矢野 長い間、自分の職業はピアニストだと思ってたし、今でも基本はそうなのね。「人前で歌う」なんて恥ずかしい、ましてやそれでお金をもらうなんて、と思っていたんです。でも、16歳くらいのときに人前で歌ったらすごく褒められて、「……あれ? いいの?」みたいな感じ。まあ本来、歌うのが嫌なことではなかったし、しかもそれまではバーやレストランでピアノを弾いてお金をもらってたんですけど、歌が入るとギャラがもっと良くなるわけ(笑)。それで「これはいいんじゃないか」ということで、それ以来、歌も歌うようになって。でも、たとえば私の最初のアルバム(『JAPANESE GIRL』)を聴くと、声の出し方が明らかに今と違うのね。たぶん今話している声と、ほとんど同じ感じ。で、それが段々やっているうちに「これではおっつかない」というか、届く範囲が狭いことがわかってきて。今まで発声練習とかボイストレーニングを受けたことって一度もないんですけど、何となく自分流に考えて、発声法も変わっていきました。ピアノのスタイルが変わるとボーカルも変わる、みたいな。で、そのうちに今度は「歌には歌詞があるんだ、歌詞の内容を伝えることで私はお客様とつながるんだ」という自覚

矢野顕子●青森市で過ごした幼少時よりピアノを始める。上京後、青山学院高等部在学中よりジャズクラブ等で演奏。1976年、アルバム『JAPANESE GIRL』でソロデビュー。79〜80年、YMOの2度のワールドツアーにサポートメンバーとして同行。81年、シングル「春咲小紅」が大ヒット。90年よりニューヨーク州へ移住。近年のオリジナルアルバムに『飛ばしていくよ』(14年)、『Welcome to Jupitar』(15年)、活動40周年を記念したベストアルバムに『矢野山脈』(16年)がある。

が生まれたのは……『ごはんができたよ』ってアルバムのあたりでしょうか。やっぱり、今の矢野顕子のスタイルは徐々に完成してきて、ひょっとしたら今後また変わることもあるかもしれない。でも、楽しいわよ。好きなように歌っているから。私は他の人の曲を歌うことも多いので、「ここは私の考えと違う」と思ったら勝手に詞を変えちゃうの。ひどくない？（笑）

のん　いや、素敵です。こないだの「さとがえるコンサート」の時も、糸井重里さんの歌詞を変えたけど気づかないでしょ？って言ってたのを思い出しました（笑）。カバーされる曲って、どうやって決めていくんですか？

矢野　よく聞かれるんですけど、基準は別にないの。偶然の出会いが多いですけどね。この曲いいなと思ったら、いちばん最初にやるのが歌詞をチェックすることですね。で、歌詞の中でたとえば「嘘でもいいから私を好きだと言って」っていうようなフレーズがあったとしたら、私は歌わない。だって、嘘だったら嫌だもん。

のん　確かに（笑）。嫌ですね。

矢野　でしょ？　いくら気持ちが持っていかれるメロディーでも、私が共感しない歌詞があったら、やっぱり歌わないですね。でも、なぜだか男性が作った歌の方がピタッとくることが多い。忌野清志郎とか、奥田民生とか。

のん　どうしてですか？

矢野　ちゃんと検証したことはないんですけど、日本の女性ソングライターが書いた歌って、玉ねぎみたいになっていて、「芯」にたどり着くまで全部が「私」なの。私、私、私、私、どこまで剥いても私が出てくる。でもね、男性の場合はあんまりそれがないんですね。男の気持ちの方が単純なのかもしれませんけど、「こう歌いたい」って気持ちがあったら、それがポンってある。だから「その気持ちは男性でも女性でも同じだな」という気持ちが歌われていたら、私も歌いたいって思う。そのまわりに「私」のいろんな状況が説明されていたりすると、なんか面倒くさくて嫌ですね。

のん　そうですね。面倒くさくないのがいいですね。

矢野　好きなら好き、嫌なら嫌、みたいな。

のん　最初のアルバム（『JAPANESE GIRL』）もすごく面白くて、和楽器が使われているのが楽しかったり、普通の音楽じゃない感じがあるのに、矢野さんの声が入るとストレートで素直な印象があって。その感覚が私の中で新鮮だったというか。ストレートなのに、「大人の女性」をすごく感じました。

矢野　あ、そう？

のん　私はけっこう子どもっぽいというか、あんまり成長してない、子どものままでいいんだ、みたいなところがあるんですけど。

矢野　子どものままでいたいと思いますか？

のん　大人になるために子ども心を無駄に捨てたりということはせずに成長したい、みたいな感じですね。

矢野　まあ、「何を子どもと思うか？」は重要だと思うんですけれども。たとえばここに赤い花があって、上に白い布をかけたから「ここにあるのは白ですね」って言うのが大人だとして、でも子どもは「違うよ。本当は赤だよ」って言う。その「本当は」を子ども心だとすれば、すごく大事なことですよね。でも、「本当は赤なんだから、僕は赤しか認めません」だけだと暮らしていけないから、両方の見方ができるといいと思いますね。でも、「本当は赤なんだ」って部分を「そんなのどうでもいいよ、今見えてるのが白なんだから白でいいじゃん」って言う人はあんまり面白くないよね。そういう人、けっこうたくさんいますけど。だから、そういう人たちに合わせる必要はないと思う。なんか、あんまり世の中うまくいきませんか？

のん　あ、いやいや、私はそんなに。いろいろ大人の事情があるみたいですけど、私は特に被害を受けてないので。

矢野　じゃあ良かった。

のん　全然大丈夫です（笑）。

「すごい！って10回言われたい」――のん

のん　コンサート前って、どうやって集中されていますか？それとも、そんなに集中せずにフラットな状態で始めるんですか？

矢野　特に何もしないですね。発声練習もしないし。女優さんとかで、すごい集中してピリピリするから、周りの人が腫れ物を触るように扱う、みたいなことは全然ない。始まる寸前まで何か食べていて、「もういい加減に止めたらどうですか？」って言われたりとか（笑）。そんな感じですね。うんと昔は緊張したこともあるんですけど。今でもたぶん、3年に1回くらいは緊張するかなー。

のん　どういうときにですか？

矢野　わかんない。なんで緊張したかわからないけど緊張する、ってときがあります。でも、たいていの場合、ステージに出ちゃうと全然平気ってことが多いかなー。

のん　そうなんですね。

矢野　で、まあ、いつの頃かは忘れましたけれども、ずいぶん前から「自分のことを過度に重要視しない」って思ってるんです。うんと若い頃は「自分が一生懸命練習したものをみんなに聴いてもらいたい」とか、「私ってこれだけ弾けるの」みたいな。パフォーマーなので当然と言えば当然ですけど、どこかで自分に注目してほしいっていう意識でコンサートをやっているので、うまくいけば自尊心は満たされるわけです。でも、生演奏だから、失敗したり調子が悪かったりすることも、もちろんあるわけですよね。そうすると、自分にすごい腹が立つ。でも、そういう意識が徐々になくなってきて、結局、自分が今まで培ってきたもの以上のものは披露できないし。つまり、冷蔵庫を開けて中を見たら「んーそっか、白菜あったねー。あ、ここに挽肉もあるんだー」みたいな感じで、あるもので作る。そこで、「どうしてもビフテキがなくちゃいけないのよ！」っていう人もいるかもしれない。まあ若い頃の自分がそうだったのかもしれないんですけど、今はあるもので作って十分に美味しくて、「はい、みんな食べてねー」と。今の私はこれでいいと思っているんです。だから、たぶん緊張しないんだと思う。むしろ緊張しなさすぎるくらい（笑）。だから、自分を必要以上に大きく見せる必要はないな、と。

のん　なるほど。

矢野　まあ、うんと若い頃はそうはいかなかったね。いろいろとスタッフには迷惑をかけていたと思います。

のん　あの、褒められることはどうですか？

矢野　何を？　コンサートをやって？

のん　はい。

矢野　褒められるのは嬉しいわよ、それは。

のん　「すごい！」って10回言われるのと、技術とかを解説されながら褒められるのでは、どっちが嬉しいですか？

矢野　褒められるなら、どっちでも嬉しいですけどね。でも、たとえば「あの曲が良かった」とか、その人にとってひとつでも良い気持ちになる瞬間があったと言ってくださると、もうそれで充分ですね。技術的なことを言うのって、わりと同業者で。同業者から「あのコード進行、いいですね」とか言われたら「ヒヒヒ(笑)」みたいな感じはあります。でも、それはやっぱり、同じフィールドでものを作っているからわかることであって、なにか自分がすごいテクニックを開発したとして、それを皆様に聴いてもらって「すごいスキルだ」みたいなことを言われるのは、自分にとっては興味がないです。だから、まあ、「あんまり気持ちよくて寝ちゃったよ」とかでも嬉しいかも。何かしら良い瞬間があって、「今日は来て良かった」と思ってくだされればそれで充分ですね。ちなみに、のんさんはどっちなんですか？

のん　私、「すごい」って10回言われる方が好きです！

矢野　(笑)。

のん　「かわいい」とか「かっこいい」とか「面白い」とか、単純な言葉の方が私は好きですね。

「できるだけ日本を出てみてほしい」——矢野

のん　異国で暮らすってどういう感じですか？　ずっと日本で育って、大人になってから海外に住むのってどういう感じなんでしょうか。

矢野　自分の常識がまったく通用しない世界で暮らすことを、できるなら全世界の人に勧めたいと思いますけどね。つまり、「世の中は広い」と実感するってことに尽きますけど。そのためには、やっぱりネットじゃダメなのよ。実際にそこで暮らして、そこの食事を食べて、そこの空気を吸って。でも、海外といっても、やっぱり私はニューヨークという特殊な場所しか知らないわけで、これがアメリカ中西部に行ったら、それはそれで全然違う暮らしがあるわけです。ただ、日本にいると日本中心で、他の生活がどんどん見えなくなっちゃうっていうか。日本だけがそうなのかわからないけど、日本の新聞を見ると一面のトップ記事はいつも国内のニュースですよね。オリンピックがどうのこうのとか。でも、「ニューヨークタイムス」はそうじゃないんです。あそこの社のモットーが「All The News That's Fit To Print（報道されるべきすべてのニュースを伝える）」っていう。だから国内のニュースが必ずしもトップにはならない。で、いつでも自分の周りのことだけが世界の中心という社会環境で育つのと、「いや、そうでもないぜ。世界はいろいろあるんだよ」ということが土台になっている社会環境では、ずいぶん違いがありますね。そういうこともあって、私は子どもたちに異文化を経験させたかったんです。だからニューヨークに移住したの。子どもたちからは後で感謝されましたけど、もちろん最中は大変。なにしろまったく言葉が通じない学校に転校することになるわけだから。

のん　なるほど。

矢野　今でもニューヨークがなぜ特別かというと、地下鉄に乗って、席が空いていたので座りました、と。そしたら「両隣に座っている人と私とは、3人ともまったく違う考え方をする人間なのが当然」という社会なんです。だから、自分の物差しだけで測るとどれだけうまくいかないかを経験的に知っている。それはなかなか、この国だけにいたら経験できないことだと思うな。だから、特に今の若者にはできるだけ日本を出てみてほしいなと思いますね。

のん　矢野さんには、自分の同世代の人たちにはない存在感があって、すごく憧れます。「形式」とか「決まり」みたいなものを超えて、パワーが放出される感じがあって。その差をすごく感じました。

矢野　それはまあ、おばちゃんだってのも大きいんじゃないですかね(笑)。のんさんと同い年の頃に、私が今と同じ考え方をしていたわけじゃないですもん。ただ、これも年を重ねれば自動的に身につく、ってものでもないからね。やっぱり自覚のない人はそのまんま。私の場合は本当にたくさんのロールモデルに出会って、いろんな人たちから学べたことが大きいかもしれないですね。

のん　でも、お若い頃の映像など見てもかなりパワフルに見えますよ！(笑)

——矢野さんは15歳で単身上京し、ピアノ弾きのお仕事を始めて、19歳でご結婚。で、20歳でお子さんが産まれて、24歳にはYMOの世界ツアーに参加されていますよね？

矢野　そういう意味では、若いうちからいろいろ盛りだくさんでしたね。もちろん早ければいいってわけじゃないけど。のんさんは今いくつですか？

のん　23です。

矢野　23歳の私は、毎日ものすごくピアノを弾いてましたね。練習もすごくしてた。とにかくどうやったらピアノが上手くなるかしか考えていなかったんじゃないかな。仲間たちとセッションして、その中での切磋琢磨がすごくあったし。で、いまだにその人たちとバンドができているっていう。それこそ細野(晴臣)さんとか。それはとても幸せなことですよね。だから、その頃はやっぱり、今みたいな幅の広い考え方ができたわけじゃなかったですよ。やっぱり20代の頃は一点集中。でもね、それができるのが若さなの。そのためには徹夜だってできる体力があるじゃない？　今、私、まったくないですもの(笑)。

のん　徹夜しないですか？

矢野　しなーい。眠れないことはありますけどね。夜中に頻繁にトイレに起きるとかさ。

のん　あははは。

矢野　なんか、そういうことはありますけれど。

（2016年11月30日収録）

憧れ対談4:

いのうえひでのりさん×のん

舞台の作法

古田新太、橋本じゅん、高田聖子ら、実力派俳優を次々輩出する「劇団☆新感線」の主宰にして、作家・演出家としてプロデュース公演も多数手がけるいのうえひでのり氏に、舞台は未体験ののんさんが、いま疑問に思っていることを次々ぶつけました。

いのうえ　舞台、どうなんですか？

のん　えっと、やったことないです。

いのうえ　やったことないのは知ってるって（笑）。興味あるのかな？　と思って。いろいろ観には行ってるよね？

のん　そうですね。もちろん舞台に興味はあって、そのタイミングがきたときにちゃんと声が出なきゃダメだと思って、今は発声レッスンとかやって準備しているんですけど。

いのうえ　レッスンやってるんだ。だって、渡辺えりさんとか木野花さんと親しくしているわけじゃない？　彼女たちは小劇場の女優さんで演出家だから。僕なんかは本当は自分のところに呼びたいけど、劇団☆新感線はけっこう男芝居で運動量が多いので、そこでちょっと疲弊する女優さんもいるんだよね。頑張るんだけど魅力が出きらないうちに公演が終わる、とか。

のん　それにも備えてます。筋トレ的なこともやって、疲れてからも声が出せるか、みたいな。

いのうえ　そういう訓練もやってるの？　ほう。

「脳みそがひっくり返りそうなキャラクターが……」
——のん

のん　私、劇団☆新感線をこれまでDVDとかで観させていただいたりして、すごい楽しかったです。

いのうえ　ありがとうございます。新感線の公演以外にも、いろいろ観に来てもらってるよね？　たしか「熱海（殺人事件）」（2015年12月に新宿紀伊國屋ホールで上演された、いのうえひでのり版「熱海殺人事件」）も。

のん　「熱海殺人事件」は、新宿のチケットが完売していたので、仙台まで観に行きました（2016年1月20日@仙台電力ホール）。

いのうえ　「熱海殺人事件」は僕より上の、たぶん60歳くらいの人たちが、つかこうへい氏が作・演出したオリジナル版をリアルタイムで観た世代で。その人たちが押し寄せたら、紀伊國屋ホールのキャパじゃ収まらないんだけど、自分の中で「『熱海殺人事件』は紀伊國屋ホールじゃなきゃ」というこだわりがあって。だから、どうしても観たい人たちは地方まで観に行ってくれたみたいです。どうもありがとうございます。

のん　そうなんですね！　あの、パンフレットを読むと、劇団☆新感線って、もともとつかこうへいさんのお芝居をずっと演っていたって……。

いのうえ　そうそう。完コピを目指して、本当はダメだけどテープレコーダーを会場に持ち込んで、こっそり録音して。当時はビデオとかないからさ。その音声を下宿で聞いて、台詞の口マネをしていたんです。ギターのフレーズを耳コピするバンドマンみたいに。でも、当時の自分らの実力では、細かいところとかやっぱりその役者さんじゃなきゃできない部分があったり。そういうところに、自分らの遊びというかネタみたいなものを入れていったら、それがどんどん膨らんで、でき上がったのが劇団☆新感線だと思ってもらえれば。だから、3年間くらいはずっとつかさんのコピーをやっていたし、僕の基本にはつかさんの芝居のテンポとか喋り方があります。

のん　そうだったんですね！　じゃあ衣裳とか音楽とかも？

いのうえ　そうそう。つかさんの芝居って、あの頃、黒のタキシードだったの。「だったら僕らは白のタキシードにしよう」とか、ちょっと変えたいみたいな意識はあったかな。それが今につながる流れになっていて。音楽でいうと、つかさんは芝居の中でビートルズを流したりしてたんです。昔は著作権とかそんなにうるさくなかったんで、むしろ「おっ、ここでこんな曲を流すのか！」みたいなところに演出家のセンスが問われたりして。今で言うと（クエンティン・）タランティーノ監督の映画とかに近いかも。つかさんはビートルズを流したり、演歌を流したりいろいろやってたんだけど、僕らはそこでジューダス・プリーストとか、自分の好きなへヴィメタルやハードロックを流してて。で、だんだんやっていくと、つかさんの台詞とへヴィメタルはどうも合わないとわかってくる（笑）。そこで、やっぱ自分の好きな曲を流すためには、自分の芝居を演ったほうがいいなって。

のん　なるほど！　それでオリジナルに？

いのうえ　そうそう。

のん　いのうえさんは最初から演出だったんですか？

いのうえ　いや、最初は役者だったんですけど、演出する人の横でアイディア出しみたいなことはしていたんで、もともとそういう志向があったのかもしれない。ネタを自分で書いたりしてたからね。その流れが、後の（劇団☆新感線で言う）いわゆる「ネタもの」につながるんです。最初の何年かはずーっとネタものをやっていて、ネタものって好きな人は好きなんだけど、下ネタみたいなことばっかりやってるんで、だんだん離れていくお客さんもいるのね。で、当時は85年、86年くらいだから、小劇場で時代劇をやってる人たちはいなくて。そこで「いのうえ歌舞伎」ってことで「星の忍者 -THE STRANGE STAR CHILD-」っていうお芝居をやったの。それが初めての時代劇。で、ちゃんと調べたわけじゃないけど、たぶん小劇場で一番最初にサンプラーを導入したのは僕らじゃないかな。チャンバラに合わせて「カキン！」「カキン！」って音を生で入れていた劇団って、当時はいなかったと思う。そういう部分では先駆者だったかもしれない。

のん　すごい。素朴な疑問なんですけど、あの音って間違えちゃったり手数を多くしちゃったりしてもその場で合わせてくれるんですか？

いのうえ　上手い人はアドリブで合わせてくれることがあるけど、基本は稽古できちんと決めるね。間違えると危ないし。でも、あまりにも手数が多い立ち回りだと、テンションが上がって忘れることはある。前に「アテルイ」って芝居で、染ちゃん（市川染五郎）の相手役が水野美紀さんだったことがあって。そのとき水野美紀さんが初舞台だったの。で、その「アテルイ」って芝居がまた、めちゃくちゃ立ち回りが多いんですよ。で、2ブロック目の立ち回りを染ちゃんはやり始めたんだけど、水野さんは一番最初の立ち回りをやるわけ。そしたら染ちゃんが終わってから、「もう、水野さん、初舞台だからしょうがないけど殺陣を間違えてるんだよね。こっちは合わせるの大変だったよ！」って言ってるから、「いや、あれ、水野さんのほうが正しいから」「……え？」ってことがありました。

のん あははは（笑）。

いのうえ 染ちゃん、たまにやるんだよ。でも、上手な人だからなんとなくそれなりに合わせられる。

のん うわあなるほど、すごいですね。私、「阿修羅城の瞳」をDVDで観たんですけど、祓刀斎（橋本じゅん）と桜姫（高田聖子）がすごい好きでした。脳みそひっくり返りそうなキャラクターが……。

いのうえ はははは（笑）。つかさんが生きてたら、きっとのんちゃんのこと面白がってたと思うんだよね。

のん 男の人みたいな役がいいです。

いのうえ そうだね。でも、やっぱり僕、まずは小さい劇場で1回やったほうがいいと思うんだよな。昔は青山円形劇場っていう場所があって、あそこに出るとすごく鍛えられたというか。いま、ある程度売れた女優さんが可哀想なのは、「初主演！」みたいな見出しをスポーツ新聞に出すための企画って感じで、大きい劇場でやらなきゃいけなかったりする。でも、本当はもっと小さい劇場で、きっちり観てくれる演出家さんと一緒にやってから、少しずつ大きいところでもやっていく、みたいなのがいいと思うんだけど。

のん そうですよね。舞台での表現って映像とも違って特殊ですよね。

いのうえ 小さいところでやって鍛えられると「立ち方」を覚えるというか、慣れる。昔、僕らがまだそんなに大きな劇団じゃなかった頃、初舞台の女優さんたちがいて、そうすると四六時中一緒にいるんだよね。そうすると、こっちも暇だからずっと「こうしたらいい」「ああしたらいい」みたいなことを延々とやり続ける。それが後々、その子たちが舞台に立つときの自信につながっていった、みたいなこともあると思うんで。

のん じゃあ、高田聖子さんとか、橋本じゅんさんとか、古田新太さんはそうやって……。

いのうえ いや、聖子は最初から面白かったね。そういう才能があったんじゃないかな。あのへんの人たちに関しては、こうしろああしろみたいなことを言った記憶は特にないんだよな。

のん ええ～そうなんだ。一番最初の聖子さんの役が見てみたい……！ 今もですか？

いのうえ 今は、もう本当に段取りだけ決めておしまい。劇団☆新感線って「この場所から3歩歩いて、次に右から振り返る」みたいな、かっちりした演出をするって言われていて、確かにそういう演出をつける人にはつけるけど、古田くんとかじゅんさんとか聖子あたりは段取りだけ決めたらあとはわりと自由。要するに演出＝カメラアングルを決める、みたいな部分もあるので。

のん 映像の監督さんだと、最初に「この場面は、こういう気持ちで」みたいなのをバーっと言われることもあるんですけど……。

いのうえ 僕、その「こういう気持ちで」ってのが苦手なんだよな。その役がその状況でどう思うか？は演じる人の感覚にできるだけ委ねたいのがあって。ただ、その状況の解釈はある程度共有したいと思うけど。でも、みんなわりと自分勝手に役の背景を作ってお芝居してるからね。

のん 素敵です。役者によって役の印象が違うように、演じ手の感じることや役の捉え方って重要ですよね。試される気分で緊張するけど……。自分勝手って？

いのうえ うん。勝手に馴れ馴れしい芝居をしてるなと思ったら、「実は俺はあいつの友達で～」みたいなの。知らんがな！っていう（笑）。そういう人もいるよ。あまりにも違うなと思ったら言うけど、でも、実は、基本は立ち位置と方向性さえ間違ってなきゃ僕はほとんど何も言わない。

のん そうなんですね。いいですね！

いのうえ （笑）。

「昔は女優クラッシャーって呼ばれてたんです」
——いのうえ

いのうえ でも、僕、昔は女優クラッシャーって呼ばれてたんですよね。要するに「初舞台なんだから技術はないだろ？ じゃあ、とりあえず走り回って動き回って圧倒しろ」と。観てるお客さんに「お、気持ちいいな」と思わせることが必要だ、みたいなことを言ってましたから。今はそればっかじゃないと思うんですけど、当時はそういう感じだったんです。だから、女優さんが稽古場に来たら、いきなりドタバタ走り回らせて、腰をいわせたりするんで「女優クラッシャー」みたいな。あと、うちはみんな基本、デカイ声で喋るから。最近の小劇場って、みんなお芝居が上手いんですよね。特に若い子。僕らが小劇場やってた頃に比べると、細かい芝居ははるかに上手いんだけど、バカみたいなデカイ声で喋ったりする人たちはあんまりいない。みんな小器用な感じになってきてるなと思います。クドカン（宮藤官九郎）の芝居とか観てると、やっぱデカイ声の人たちはそれだけで面白いなって気持ちになるよね（笑）。

のん うんうん。今、デカイ声を出せるように鍛錬してます！（笑） いのうえさんのお芝居の中には、おバカなキャラクターなのにカッコよくなきゃいけない役、みたいなのが出てきますよね。

いのうえ ああ、古田（新太）さんとか。

のん 古田新太さんとか、すごくかっこよくて憧れます。（劇団☆新感線 2011年公演「野獣郎見参」の）物野怪野獣郎（堤真一）とか。ああいうのって、演じる側も演出する側も、すごく難しそうだなと思うんですけど。

いのうえ でもね、お芝居なんで、その瞬間その瞬間の勢いとかテンションが高いと、なんとなく説得力は出るよね。わりと一生懸命さが大事っていうか。この間の「Vamp Bamboo Burn?ヴァン！バン！バーン！」（2016年8月公演。作・宮藤官九郎、演出・いのうえひでのり）とか、あんだけくだらないことをずっとやってるけど、最後急に（生田）斗真と（中村）倫也のテンションと音楽の力で持っていく、みたいな。ただ、

いのうえひでのり●劇団☆新感線・主宰/演出家。1960年福岡県出身。大阪芸術大学在学中の80年、劇団☆新感線を旗揚げ。神話や史実をモチーフに大音量のハードロック、ヘヴィメタルとともにケレン味を効かせた時代活劇〝いのうえ歌舞伎〟、生バンドが舞台上で演奏する音楽を前面に出した〝Rシリーズ〟、笑いをふんだんに盛り込んだ〝ネタもの〟などエンターテイメント性にあふれた作品群の劇団公演の他、プロデュース公演の演出も数多い。日本演劇協会賞、千田是也賞、紀伊國屋演劇賞個人賞など受賞多数。

まあ、そうは言っても脚本がやっぱり大事だけど。この間、（いのうえ歌舞伎《黒》BLACK「乱鶯」を）観たんだよね？ 確か。

のん　はい、「乱鶯」観ました。容赦なく人をザクザク刺していくのが、すごい気持ちよかったです。

いのうえ　そうそう（笑）。お芝居だからね。人がグロいと思うかどうかの感覚って、千差万別というか個人差があるんだけど、自分にとってはあれが気持ちいい。昔の大島渚映画とかね、血がブワーって飛ぶような。でも、血がダメな人もいたりするからね。ちなみに舞台では血糊が一番大変なの。血糊って飛び散るんで、その後に出る人たちがそれを踏むじゃない？ それが今度は別の誰かの衣裳に付くということが一番怖い。だから、血糊を使う芝居は僕らすごい気を使ってる。

——以前、いのうえさんは「演劇運動神経」って言葉を使ってらっしゃいましたよね。今のお話と「演劇運動神経」って関係しますか？

いのうえ　それは要するに、感情の運動神経、みたいなことなんだけど。相手が何か言って「えっ!?」って返したときに、本当に驚いているときと、そういう振りをしなきゃって気持ちで言ってるときの取捨選択ができる人。そのトーン替えができるのが「演劇運動神経」の良い人ですね。（高田）聖子とか（橋本）じゅんさんは、そう。

のん　重要ですね。そういう演劇運動神経を鍛えるために、何かやったほうがいいと思うことってありますか？

いのうえ　いや、やっぱり「感性を磨く」みたいなことだと思うし。あとは、とにかく演ったほうがいいと思う。要するに、稽古よりも本番のほうがいいし、そこで鍛えられる部分があると思うんで、そういう機会をできるだけ増やしたほうがいいなと思いますね。

「すずさん！」——のん

いのうえ　しかし、朝ドラは本当に素晴らしかった。あれ観ながら稽古場行く準備してたもんね。あんなにギアが入るというか、「よし頑張ろう！」って感じになる朝ドラはなかった。のんちゃんのお芝居観て、頑張ろうと思った人いっぱいいると思うんだ。あの回は本当に泣いたっていうか、「ダサいくらいなんだよ！」って橋本愛ちゃんにキレるところあったじゃん？ あれはね、クドカンの台詞もすごいと思ったけど、のんちゃんも素晴らしかった。あれは今の若い人というか、日本全体に対するメッセージのように感じてね。なんであの台詞がこんなに胸を打つんだろうと考えた時に、一生懸命やることを「ダッセー」の一言で笑うみたいな。いつも「かっこ悪い」って言われたくない気持ちが先行して、全部先回りして斜に構える空気がある感じがしたんだよ。やっぱただの朝ドラじゃないなと。震災以降の東日本の人に対する勇気づけみたいなところもあったし。素晴らしかったです。

のん　わぁあー（拍手）そうですよね最高です。あのセリフは私も大好きです。私、たくさん観れているわけじゃないんですけど、昔からというか、ずっとやってらっしゃる先輩方とご一緒させていただくと、自分たちの同世代にはない、すごいパワーを感じるんです。

いのうえ　あー。だから、ダサいんだよ僕ら。ダサくてなんぼ、みたいな。今思うとダッセーってことばっかりやってきてて、やっぱそういうものの上にいる人たちばっかりなんだよね。木野（花）さんとかも笑えるくらいズッコケだし、でもそこが素敵だったりするしね。そういうことを感じさせる朝ドラだったなと思って。だから、のんちゃんが朝ドラ終わって、次どんなことをやるんだろうと思ったら、いろんな事情で空白期間があって。で、今、『この世界の片隅に』でまたこうやって仕事をするようになって、僕はすごい良かったなと思って。

のん　ありがとうございます。

いのうえ　テアトル新宿で観たんですけど、満員で。本当に、あれはもっとたくさんの人が観るべき映画だと思いましたよ。のんさんの声がすごくキャラクターに合ってた。

のん　良かった、頑張ります。

いのうえ　『この世界の片隅に』のすずさん役もそうだけど、朴訥としているけど芯があるキャラクターって、のんちゃん本人の中から出てくるものだと思う

Judas Priest
Judas Priest

Judas Priest
Judas Priest

し、なかなかそういう感じの人っていないんで。本当、得難い才能だと思うんです。『この世界の片隅に』って、淡々と進むじゃない？ 小さな幸せみたいなものがあって、大きな悲しみみたいなこともあって。彼女はわりとふわっとしているけど、それなりに傷ついてたり、怒ってたり。ニコニコしてるけど、何か芯を持っている感じがあって。それを乗り越えていく強さも感じるし。それら全部が、戦後日本の女性像を象徴するのかな、とかね。だから、映画観終わって、勇気もらうみたいな気持ちになった。いろいろ不幸があったのに、決して悲しい印象じゃないもんね。それはすごいなと思った。あと、ほらなんだっけ？ もともと好きだった初恋の先輩。

のん 水原さん。

いのうえ 水原さんが、ふたりきりになったら手を出してくるところなんかもリアリティがあるっていうか。でもちゃんとそれに対して拒絶しながらも理解している感じもあるもんね。あれはね、すごいなと思った。本当に良かった。そのことを今日すごく伝えたかったんですよ。あとは「舞台に挑戦すれば」っていう（笑）。

「演じてもらいたい役、いっぱいあるけどね」——いのうえ

のん あの、すごいざっくりした質問なんですけど、舞台でしかできない表現ってどういう部分だと思いますか？

いのうえ 一瞬にして時間も空間も移動できることかな。たとえば心の中の声とか、昔書いた手紙の内容とか、舞台上で喋るだけで全部成立する。お客さんもそれを理解しながら観てくれる。たとえば髑髏城のシリーズだって、あれを実際に映画で撮ったら、セットを組むだけで何十億円ってかかると思うんだよね。だけど舞台なら、台詞で「おい！ 20万の家康軍に囲まれてるぜ！」って言ったら、たぶんお客さんは20万人を想像しながら観てくれる。ある瞬間、その人の心の中の声になったりする場面でも、みなさんついてきてくれるわけじゃん。だから、舞台役者はその部分をうまく観客の想像力に委ねられる人になればいいわけだよね。

のん なるほど。やっぱり一筋縄じゃいかないというか。役者自身がすごく試されますよね。

いのうえ でも、たぶん大丈夫だよ。僕はぜひ木野（花）さんあたりと、下北沢スズナリくらいの小さいところで、まず1回演ってもらったほうがいい気がする。それが僕のオススメですね。とりあえず最初は自分が楽しいと思う人とやってほしい。舞台は生で演るぶんだけ、良くも悪くも付き合いが濃厚なんだよ。

のん 映像だと数分を我慢すれば……。

いのうえ そうそう。忘れられるよね？ でも、舞台だと、嫌な相手でも稽古から本番までずっと一緒にいなきゃいけないわけだし、逆に楽しい相手だと1＋1＝2じゃなく、5にも10にもなるような素晴らしい経験になる。だから、まずは良い現場に行ってほしいなと。

のん 良い出会いが大切。

いのうえ でも、渡辺えりさんとか、小泉今日子さんとか、のんちゃんのことを応援してくれる先輩方が、心強い人ばっかりなんで。あの人たちのアドバイスは、まず100％間違いない。「のんちゃん、彼との共演は大丈夫だと思うよ」とか「彼女とだったら良いと思うよ」というアドバイスをちゃんと聞いてお仕事をすれば間違いないと思いますよ。

のん 確かに、間違いないですね。

いのうえ あの朝ドラのチームはすごい人たちばっかりだと、僕から見ても思うので。人との出会いには恵まれていると思います。

のん 本当にそうですよね。

いのうえ 俺も、のんちゃんに演じて欲しいなと思う役、いっぱいあるけどね。

のん 安倍晴明がいいです！

いのうえ 「阿修羅城の瞳（再々演）」で近藤芳正さんが演ったやつ？

のん はい。「愛を一太刀！ 鬼殺し」って。あと、「野獣郎見参」の、ミュージカルみたいにやってる安倍晴明芝居もすごく楽しそう。

いのうえ あれ、不評だったんだけどね（苦笑）。まだ僕らにミュージカル的な実力が備わっていないときに演ってるんだよ。今ならもう少しうまく演れると思うけど。

のん え、あれ、すごい好きでした。「あべっのせーいめーい！」って。

いのうえ ははは（笑）。昔はアイディアはあるけど、自分たちの実力がそこまで備わってないんだよ。それでずいぶん若気の至りというか。

のん 暴走とか……？

いのうえ うん。暴走いっぱいあったよ。一番最初に劇団☆新感線で東京に来たときに、たくさんセットチェンジする芝居を演ろうとしたんだけど、リハーサルする時間がなくて、セットを置きっぱなしにしたまま初日を開けたりとかね（笑）。想いに対して技術がついてっていない。バカだからね。でも、そういう部分が面白がられていた。劇団☆新感線が東京で注目されだした頃って、わりとそういう「無茶をやる劇団」みたいな部分で注目されたところが大きいかな。でも、僕らだけじゃなかった、その時代はやっぱりそういう人たちが多かった。

のん すごくいいですね。憧れます。あ、私、「無茶」で思い出したんですけど、野獣郎の「ただ身体が強いだけ」みたいな設定が好きで……。

いのうえ ああ、「身体が丈夫なだけだ！」っていうね（笑）。あれはマンガ『1・2の三四郎』（小林まこと）的な世界観ですよ。『1・2の三四郎』、知らない？

のん 知らないです。

いのうえ それはちょっと読んだほうがいい。劇団☆新感線は『1・2の三四郎』と『トムとジェリー』と石立鉄男さんのお芝居で出来ていると言っても過言ではない（笑）。志乃ちゃん役とか、のんちゃんにいいかもね。北条志乃ちゃんっていう『1・2の三四郎』のヒロインがいるんだけど、その役も面白いと思う。そうね、これからどんどんいろんな役をやってほしいなと思います。期待しています。

のん 修行中なんで。たくさん修行します！

（2016年11月22日収録）

のんさんが、画家・宇野亞喜良さんの作品を愛していることは、ファンにとっては常識ですよね。今回は、そんな宇野さんの創作の現場にお邪魔しました。憧れているとか、好きとかいう言葉じゃ言い表せないくらい、本当に本当に影響を受けた人で、ちゃんと話せるか不安です……と、普段以上に緊張の面持ちで、ドアを開けたのんさんの第一声は!?

衣装協力■MIYAO(問tel：03-6804-3494)

宇野亞喜良さんの
アトリエに突撃

宇野亞喜良●1934年愛知県出身。高校卒業後、日本デザインセンターを経て65年に横尾忠則、和田誠、山口はるみ、灘本唯人などと共に東京イラストレーターズ・クラブ設立。寺山修司の舞台、宣伝美術も手がける。著作に『宇野亜喜良の世界』(立風書房)『LUNATICO』(新書館)『ル・シネマ』(マガジンハウス)など。講談社出版文化賞挿絵賞(82年)、紫綬褒章(99年)、旭日小綬章受章(10年)、他受賞多数。99年より麻布十番納涼祭りのポスター、うちわのデザインも担当。

のん　おじゃまします！
宇野　どうぞ（笑）。
のん　………（緊張）。
宇野　あ、これ、よかったら差し上げます。
のん　あ、マジョリ画！
宇野　難しいんですけど、これを引っ張って、こうやって開けるんですね。
のん　かわい〜！
宇野　それでここに、のんさんの顔が……でも、なんか、似てないね（笑）。
のん　私、以前は髪が長かったんですけど、その時の顔に似てます。
宇野　そうですか。良かったら化粧品も使ってください。
のん　ありがとうございます。これを使えば宇野さんの描く女の子のようになれますか？
宇野　それはちょっとわからないけど（笑）。

☆

のん　私、高校生の時に本屋さんで宇野さんの本（『宇野亞喜良クロニクル』）を見て、めちゃくちゃかっこいいと思って。それまでも絵を描くのが好きだったんですけど、色を塗るのが下手くそだったんです。でも、この本に出会ってから色を塗りたくなるようになって。
宇野　そうですか。まだ芸能界には入ってなかったの？
のん　あ、入ってました。
宇野　仕事する気がなくて、しばらく辞めていたわけではないんですよね？
のん　違います。伸び伸びとしてますよ。
宇野　ずいぶん以前にテレビで観ましたよ。ジャニーズの男の子たち（嵐）と武《ム》蔵野《サ》美《ビ》術大学に行って、いろんな彫刻とか画を見てましたよね。男の子たちがまったく興味がない感じで、あんまり話が上手くいかなかったみたいだけど。ムサビに通っていたわけじゃないんでしょう？
のん　ではないです。美大に行きたかったけど行けなかったので、「行ってみたい！」みたいな感じでした。
宇野　いろんな意味で面白い番組でしたね。男の子たちと話が通じなかったり、食い違いがあったり。興味がない人にとっては、美術とかデザインの話って面白くないんでしょうね。
のん　そういうことだったんですかね。私の話し方が通じなかっただけかと思っていました（笑）。
宇野　たしかに、それもあったような気もするけど（笑）。
のん　宇野さんは、絵を描く時に大事にされてることってありますか？
宇野　うーん、たぶんない（笑）。なるべく普通で。
のん　自由に描くみたいな？
宇野　そうなんですよ。
のん　私は「のん」って芸名で、「女優兼創作あーちすと」っていう肩書を付けてみたのですが、「アーティスト」って名乗るにはまだまだだと思って。うさんくさく見られたいと思って今は「あーちすと」と言っています。
――のんさんは、宇野さんの絵のどういうところが好きなんですか？
のん　女の子がちょっと不機嫌そうなところが好きです。物悲しげにも見えるけど、ちょっと大人を馬鹿にしてるというか。なんか、言うことを聞かなさそうな感じが好きです。
宇野　わりと最近そう言われますね。もともとはあんまり考えてないんだけど、これだけ言われると、なんか良い答え方がないかなと思っていて。のんさんみたいな芸能人もそうだけど、大衆に売らなきゃいけない本の表紙とかポスターって、にっこりさせられるでしょ？　でも、たとえば不良少女なんかはふくれっ面してたりするじゃないですか。それから、子どもの頃は社会のルールや大人の気持ちがわからないから、そんなにいつもニコニコしているのはおかしいんじゃないかって思うじゃないですか。それに、純粋な少女だったら本能的に「大人たちがやってることは、ひょっとすると間違っているんじゃないか」って感じもあるんじゃないかなと思うんですよね。なんでもニコニコして大人の言うことを聞くっていうよりは、ちょっとズベ公っぽい女の子の方が面白いと思うんだけど……。
のん　ズベ公！
宇野　うまく世の中を嗅ぎ分ける前の女の子は、ちょっとぶすっとしてる方がかわいいなっていう……顔ちっちゃいですね。
のん　え、私ですか？
宇野　うん。あと、思ったより身長あるなって。

☆

のん　私は、心の中が凶暴そうな女の子が好きなんです。
宇野　凶暴そう？
のん　子ども心が暴走している、みたいな。なんていうか、子供の持っている、悪いことをするのを純粋に楽しんでいる部分。そういうところが好きなんです。大人になって働き始めたりすると、そういう部分をなくしていかないとやっていけないのかなと思うんですけど、「子どもの悪い心を持ったまま大人になってもいいんじゃないか」って思い込んでるところがあって。
宇野　そうですね。良いかたちで大人になっていけばいいですよね。でも、この前、テレビで変な男性を観たんですけど。コンビニのおでんを、ツンツンって言いながら指でつついていて……。
のん　え!?
宇野　ああいう愉快犯みたいなのは嫌ですね。
のん　それは嫌ですね。けっこういますよね、動画の再生数を稼ぐために麻痺しちゃってる人というか。それだとすごく、なんていうか、皮膚感覚が閉じているというか、モニター画面の中だけで生きているって感じがしますね。
宇野　うんうん、そうですね。おっしゃったような「子どもの悪い感じ」とはちょっと違いますよね。
のん　純粋な気持ちじゃなくて、「俺、こんなことやってみちゃったりして」みたいな、わかった上でやっている感じがします。
宇野　その動画が他人に見られることが前提ですよね。自己顕示欲の一種で、子どもの頃にカエルを捕まえていたずらする残酷さとは違う。
のん　やってしまいがちな（笑）。
宇野　なんかそういうことやりました？
のん　やっていましたね。今思うと信じられないんですけど、カエルの脚を踏んづけて固定して、ぴょーんぴょーんってなってるのを見てました（笑）。あと、田んぼからオタマジャクシを捕ってきて、カエルに育てよ

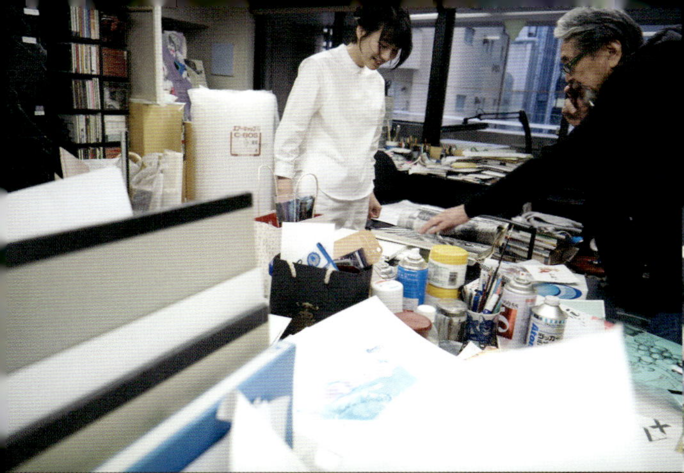

Mushi Musume
Par Arêno Inoui
虫娘

うと思ったんです。家にあったビデオケースの中に、泥を入れて、草を植えて、田んぼに似た環境を作って。それで、家に置いておくと怒られると思ったので、線路の脇に置いてたんですけど、日照りの日が何日か続いて「大丈夫かな?」と思って見に行ったら、干からびてて、もう……そんなつもりじゃなかったのに!

宇野 (笑)。

のん 自分のせいなのにショックを受けました。

宇野 僕も子どもの頃、粘土で便器を作ってましたね。そこにおしっこをして、ちゃんと流れるようにドブまで溝を掘ったり。そういうリアリティを持たせることが好きでした。そういう部分は、今の絵にも通じているのかなって思いますね。本物っぽくすることとか……でも、あんまりアレですね、いい話にはならないですね(笑)。

☆

宇野 前にちょっと、「ヒゲの男が好きだ」っていう話を聞いたんだけど……。

のん そうですね。世界ヒゲ選手権(World Beard and Moustache Championships)っていうのがあって。ナチュラル部門とか、ダリ部門とか、ユニーク部門とか。変なヒゲを競う大会、みたいな。

宇野 ヒゲねえ……僕は最近、無精ヒゲに近いんだけど、ここんところが空いていて繋がらないんですね。向こうの映画なんか観ると外国の人は繋がってたりするんだけど。

のん ほんとだ。

宇野 だからヒゲを生やしてる男性はすごい気になりますよね。「そこ繋がってない」とか「あ、繋がってる、悔しい」とかね(笑)。

のん 悔しいんですね。

宇野 もみあげから2ミリぐらいの幅でずっとつながってる人とか、どうやって手入れしてるのかな? 型紙をあてがって、こういう風に……。

のん そういうプロがいるんですかね?

宇野 でも、ヒゲ屋って職業はないですよね。

のん ヒゲ屋?

宇野 ヒゲ専門で剃る美容院、とか。

のん ああ、そうですよね……。みなさん自分で剃っているのでしょうか?

宇野 僕は自分でやりますね。そんなに精巧にやろうと思わないから、安全カミソリでざっと剃るだけですけどね。

のん コツはありますか。

—— そんなこと訊いてどうするんですか(笑)。

のん あは(笑)。

宇野 僕から質問していいですか(笑)。演劇少女みたいなところはありましたか? あるいは歌を歌いたいとか、絵描きになりたいとか。

のん えっと、小学生の時にはいろいろなりたかったものがあって。心変わりが早くて将来の夢がいっぱいあったんですけど、そこからは演劇少女っていうよりも「女優」って仕事に惹かれて。初めて気持ちが途切れない夢というか、自分の性に合ってる仕事なのかなって感じです。

宇野 アニメ(『この世界の片隅に』)はすごい良かったですね。

のん ありがとうございます。

宇野 すごい不思議なアニメでしたね。広島で被爆するのかなと思ったら、広島自体は描かないで。

のん そうですね。呉市が舞台で。

宇野 呉で、お義姉さんの子どもが死んじゃうんですよね。それで最後、母親が死んじゃった子どもと仲良くなるんですよね。で、その広島で孤児になっちゃった子どもを連れて、呉へ戻るんですよね。

のん はい。あの子の母親、よく見ると右手がなくなっていて。そこで、(同じく右手を失った)すずさんを見つけて思わず寄り添って、という……。

宇野 そうか。僕、サウスポーだから見ててよくわかんないんですよね。右か左かっていうの。

のん 左利きなんですね!

宇野 そう。どっちですか?

のん 私は右利きです。

宇野 アニメ、大ヒットですよね。ああいう声だけの演技って、どうでしたか。

のん 特殊な演技ですよね。

宇野 ねえ。普通のお芝居のように身体全体で動くのと違って、もうひとつ客観的に演れるでしょ? そういう意味ではすごく面白い体験をしましたよね。

のん はい、そうですね。刺激的でした。

宇野 アニメのお仕事はすぐOKしたんですか?

のん お話をいただいて、原作とパイロット版の映像が送られてきて。それを見させていただいた時に「絶対にやりたいです」ってお伝えしました。

—— 宇野さんも映画がすごくお好きで、お仕事でも舞台美術を手がけていたり。役者さんたちとのお付き合いも普段からあるかと思うんですが。

宇野 そうですね。暇さえあれば演劇を観てるタイプってわけではないけど、演劇に関わることが昔からわりと好きで、芝居を作る感じで絵を描くことがあるんです。(絵の中に)くだらないダジャレがあったり、ヒゲのおじさんが出てきてコントみたいなことをやっていたり、なんか余分な要素が入ってくることがある。だから一流の絵画っていうよりは、B級っぽい要素がどうしても入ってきてしまいますね。

—— のんさんの場合は、演技をされている時と絵を描かれている時は、別の部分を使っている感じですか?

のん 私はそうですね。

宇野 テレビや映画のお仕事のとき、カメラに自分がどう映っているか、なんとなくわかってて演っているんですか?

のん 探り探りですかね。どう撮るかは監督とかカメラマンさんによって違うと思うので、「チェックさせてください!」って言って嫌がられる時もあるんですけど、無理矢理見せてもらって(笑)。それで、その監督さんの撮り方を探していく感じですかね。

宇野 いいですね、孤独な仕事じゃなくて。いろんな人たちと一緒に作りあげていく仕事って面白いでしょう?

のん 難しいけどそのぶんめちゃ楽しいです! 宇野さんはどうですか? 人がアトリエにぞろぞろ来るみたいなのは……。

宇野 全然平気だし、最近「わりと人間が好きかな」って思ってて。お客さんが帰る時に、玄関でずっと壁にもたれかかって喋ってるから、うちの女房に「お客さん、帰りたいのに帰れないじゃない」って言われちゃうくらい。

のん　そうなんですね。

宇野　本の仕事をしていても、読者のことを考えないで「担当の編集者が面白がってくれるといいなぁ」ぐらいの感覚なんですよね。いろんな理屈は後からつけますけど、「好き勝手でいいんじゃないか」「みなさんに愛される絵を描かなくてもいいんじゃないか」とかね、そんなことを考えている。だから、担当者が良い人だとすごく良い。この頃感じるんだけど、世の中に女性が増えてるのかな？女性の編集者とかプロデューサーがこんなに増えて、しかも、まぁ歳のせいもあるかもしれないけど、みんな才能があるなって思えるんですよね。だから、本当、男たちは何をしてるのかなって感じがして。演劇とか映画の観客なんかも、ほとんど女性ですよね。

のん　確かにそうですね。

宇野　男たちはそういう感性の訓練みたいなものはどうやってしているのか。昔は男たちが夜中まで飲み歩いたり、たとえば新宿まで行って天井桟敷とか唐十郎さんの芝居を観るとか、そういう自己開発能力がありましたよね。今の男性は限られた社会性の中だけで平気なのかなあ、と思いますね。

のん　なるほど、あんまり自分に興味ないのかなあ、男の人のことだと分からないなあ。宇野さんの描く絵って、女の子とか動物が印象的なんですが、やっぱり男の人よりも女の子を描く方が好きだったりしますか？

宇野　んー。日本では明治の頃から竹久夢二とか、近代では中原淳一さんとか、その後輩の内藤ルネさんとか、女の子を対象にした出版分野があって、僕がわりあいそういうものを好きだったせいもあるけど……女の子を描くのは好きですね。だから、子どもの頃からそういうものを見てたから、普通の男は興味がないようなところまで気になってしまう。たとえばブラウスを描くと、前が開きになるのか、後ろが開きになるのかとか。なんとなくジーンズを描くとステッチを入れちゃったりとか。絵としてはそこまで描く必要ないんだけど、ついステッチを描いちゃったりするところは少女画・叙情画の系譜に影響されているのかな。僕自身、きっとそういうものが好きなんでしょうね。といって、まったくゲイではないんだけど。多くの男性があんまり興味を持たないような、（のんさんの髪型を見ながら）どこでシニヨンを作って、髪の毛がどこにしまい込まれてるかとか、そういうことが気になってしまう。だから、自分の中に女性性があるのかなって思いますね……たぶんないんですけど（笑）。

☆

宇野　若い女の子たちのメイクって、たとえば付けまつ毛を下にも付けたり、頬のあたりをピンクにしたり。そういうのは嫌だと思ってますか？

のん　嫌じゃないです！　私、付けたり塗ったり、けっこう家《うち》で遊びます。

宇野　あ、そうですか。普段とは違って、何かの時にはああいう顔ができる？

のん　自分でメイクし始めるとやりすぎちゃうというか、変な色をいっぱい入れて遊んでしまいます。

宇野　じゃあ、のんさんにとってメイクするとは、必ずしも自然主義的な、コンプレックスを隠す行為ではなくて、様式として装飾的でありたいっていうことなんですかね。インディアンがいろんな色を塗るような（笑）。

のん　そうなってしまいますね。

スタッフ　たとえばこうやって遊んでいるんですけど……（＊1参照）。

のん　勝手に見せられた！（笑）

宇野　僕、昔はゲイの友達がすごく多かったから。ゲイはこういうのすごい好きですよね。あ、これ凄い。今風の、ちょっと大人っぽいシャドウを。

のん　これも自分でしました。

宇野　ちゃんと口の開け方も心得てるね。

のん　口の開け方、難しいですね。研究しながら。

宇野　流行っぽい（笑）。なるほどね。昔、「お化粧する女性が好きだ」って言っていたことがあって。それは「私は美人だから何もしない」とか、あるいは「私には流行は関係ない」っていうような考え方よりも、「変われるもんだったら多少は変わってみたい」とか「パンティーの色が変わるようにメイクもちょっと変えてみたい」みたいな、変容を楽しむ女性の方が可愛い感じがするんですよね。だって、お化粧して社会的に許されるのは女性だけですもんね。

のん　女の子の特権、みたいな。

宇野　そういうことが現代の女性を面白くしてるのかなって気もしますね。お化粧って創造的な行為でしょう？

のん　そうですよね。お化粧上手な人、憧れます！　最近はジェンダーレス男子っていうのが流行っていたり……。

宇野　ジェンダーレス男子？

のん　銀座に行くと、男性のみなさんの脚がつるつる……。

宇野　あー。でも、本当につるつるの方が女性にモテるのかな。半年後に「やっぱり脛毛があるのがいいわ」って女性が言い出したらどうするんですかね？

のん　どうするんでしょう。永久脱毛だったりすると……。

宇野　ファッションって、変わる可能性がいっぱいありますよね。だから僕、お化粧は良いと思うんです。次の日はさっと変えられるし（笑）。

のん　確かに。宇野さんって、これまでどんな女優さんがお好きでしたか？

宇野　ブリジット・バルドーとか、好きでしたけどね。でも、若いときにいいなって思ったの

＊1

死なないつもり
リストランテ アモーレ
井上荒野

AX

が、晩年の顔を見てから遡ると、人相学的に「ここに皺が出るんだな」って将来が見えてしまいますよね。だから、映画女優なんかは辞めたら辞めたままの方がいい。チンチラの毛皮とか着ていてそれが面白かったバルドーが、動物愛護運動みたいなことで出てきちゃうと……。あと、あれだ、『冒険者たち』に出ていたジョアンナ・シムカスって、ちょっとのんさんに似てる気がする。知りませんか？

のん　ジョアンナ・シムカス……？うう……見たことない。

宇野　この人なんですけど（写真を見せる）。

のん　あー、唇の薄さと……もしや鼻の雰囲気とか？

宇野　『冒険者たち』って映画が良かったんです。ふたりの男にモテる役で。綺麗な人はみんないいですね。女の子を描くのときはどこから描きます？　顔でしょ？

のん　そうですね、輪郭です。あ！　私の絵を見ていただいてもいいですか？

☆

のん　持ってきたんですけど、こんな感じです。

宇野　あ、面白いじゃないですか。ここ色が変わってるのが……。

のん　気分です！

宇野　かわいいですね、このうさぎ。いろんなパッチワークっぽい。

のん　ぬいぐるみ。お揃い。みたいな感じで。

宇野　ちょっと道化風なのかしら？

のん　あ、そうですね。ちょっと道化風におどけてるみたいな。

宇野　かわいいですね。

のん　やったー。

宇野　サイン、なんて書いてあるんですか？

のん　本名ですね。

宇野　R.Nounenってなんか外国人みたいだね（笑）。

のん　そうですよね。自分の名前、アルファベットにするとかっこつかないような気がして、R付けた方がいいかなと思って。（めくりながら）あ、これは失敗！

宇野　これもいいじゃない。

のん　え、ほんとですか？　なんかパステルが上手く使えなくて試してたんですけど難しくなっちゃって。パステル使われますか？

宇野　パステル、僕はこういうの使って描く時があります。たとえば、こういうのがパステルですね（机の上にあった紙を無造作に取り出す）。

のん　かわいい～。……あれ、これ原画!?

宇野　この絵、質感もすごくいい。

のん　おお、やったー。

宇野　これはただ、フレイヤーっていうか、だぶだぶに作ってあるやつを着たっていう？

のん　大人用の服を着て遊んでる、みたいな。これは何も考えずに……。

宇野　道化っぽいマスクみたいなのが好きですね。

のん　ありがとうございます。これはネズミと一緒に……ネズミを追いかけてる、みたいな。

宇野　これはたまたまできたわけじゃなくて、こういう風に描いたんでしょ？

のん　これは白くしたい部分を塗って、後から剥がすやつを手に入れたので試してみたんですけど、変になったから塗りつぶしました（笑）。

宇野　マスキング効果がある。凝ってるんですね。

のん　でも、この絵を描いて以来、使いこなせなくて全然使ってないです（笑）。

宇野　ネズミって絵だとかわいいんですけど本物だと嫌ですよね。

のん　そうですよね。ビックリしますよね。

宇野　でも、本物も好きな子どもっているよね。ハツカネズミをポケットに入れていたり。これが顔に見えるとか、別にそんなこと考えてないんですね？

のん　あ、考えてないですけど、たしかに顔に見える！

宇野　なんかキスしてる。

のん　ほんとだ。偶然ですけど、恋人同士みたいな。秋のニットを新調した女の子。

宇野　たしかにこれ、ニットになってるね。

のん　これはLINEスタンプを作ってみたんですけど、その原画です。「ワルイちゃん」っていう子なんですけど、これがまさに悪いことが大好きな女の子で。これがイチオシのスタンプで、悪いことだと知りつつ、ママのパンツとブラジャーを振り回している。

宇野　こういう、鼻の頭に線が入るのは何ですか？　ちょっと意地悪っぽくなってる？

のん　そうですね。マンガ的な感じです。影、みたいな。

宇野　ホワイトもちゃんと使って……。

のん　これ、100円均一の修正液です！

宇野　LINEスタンプの時は、タブローの時と違って、ちゃんとベタ塗りをやってますよね。ムラがないように。

のん　LINEスタンプだと、にじませない方がかわいいみたいで。

宇野　よく知ってますよね。これ、塗りを描いてからアウトラインを入れてるんですか？　それとも、最初に線を入れてから塗ってるんですか？

のん　後からだったかもしれないですね。

宇野　その方が上手くいきますよね。間をつぶしていくの、けっこう大変だから。こういう部分は線を入れてから塗ってるんでしょ？

のん　はい。文字は最初にアウトラインを描いてから。

宇野　上手ですね。

――宇野さんが1枚選ぶとしたらどれですか？

宇野　これか、これですね（*2参照）。すごい厚い紙に描いてますね。これは何か発表するアテがあるわけじゃなくて？

のん　好きで描いてただけですね。

宇野　いずれ個展やったりするかもね。

のん　個展。ひえぇ～。

宇野　だってアーティストなんだから。

のん　でも、あー・・・・ちすとです（笑）。

（2016年12月15日収録）

*2

幻の企画発表

○○になろうのコーナー

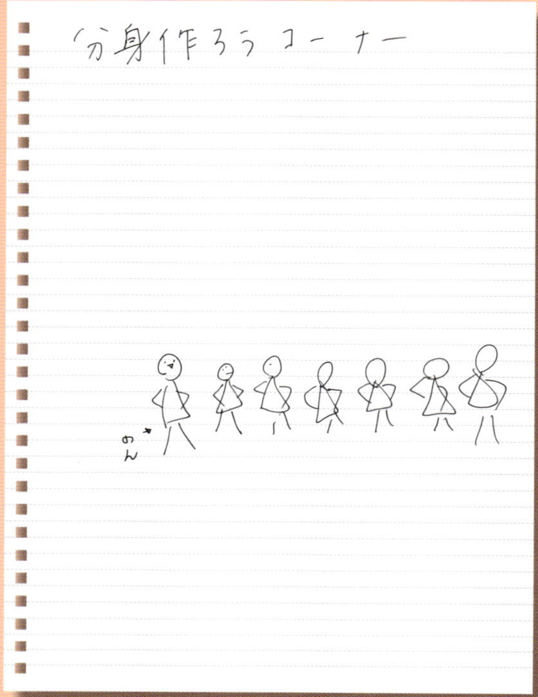

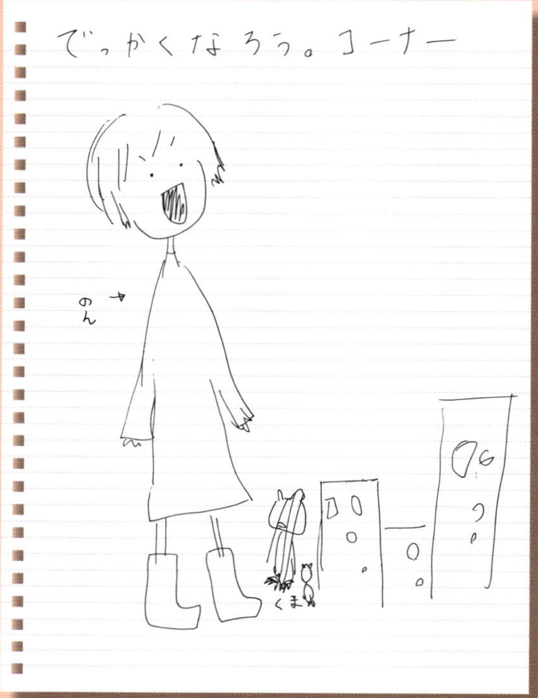

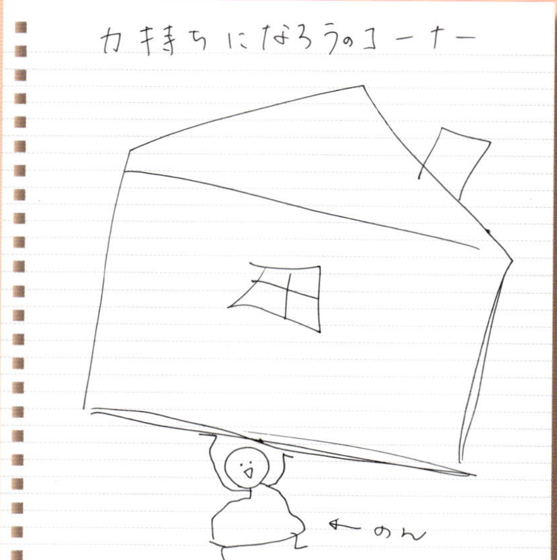

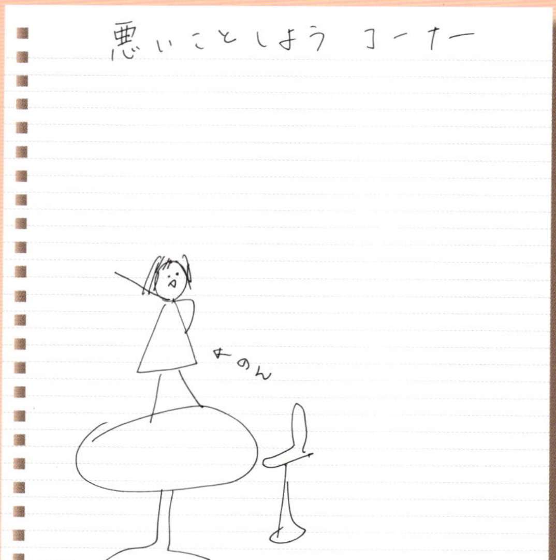

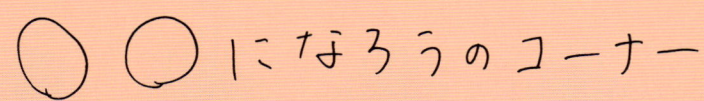

ちょっと一息、こちらは惜しくも本書では実現できなかった企画の紹介コーナーです(ちなみにこのラフスケッチも、発案そのものも、すべてのんさん本人の手によるものです)。この本が評判になって、続編が作られることになったら、ひょっとして将来実現するかも……!?

では、次のコーナーをお楽しみください。

故郷の思い出を探しに

撮影（使い捨てカメラ）&コメント＝のん
2月上旬、のんさんは約10年ぶりに生まれ育った故郷の町へと帰省した。そこで、久しぶりに目にした懐かしいあれこれを、のんさん自身の目線で記録してもらった――。

ほんとは明るいのに暗ーい写真

私たちの磨いた窓

雪景色

外

玄関

すきま

お祝い

童話のような積もり方

藻？水草がキレイ！

ト！イ！レ！

取っ手とカメラマン

てんてんまるがたくさん

急ぐ支配人

前も垂れてた！

急ぐ支配人ツー

遊び場

かつて
ブラックバスが
いた場所

大人たちのバランス!

向かってくる電車(1車両)

サンタクロースの
入り口

おたまじゃくしを
飼ってました

コントへの挑戦

ひよこっ

シーソーの跡

秘密基地のあった所

阪神ファン!だっ

銃声の山

なっつかし!

忘れられない砂場

寝床

さびれてる!

新しい逆上がりのやつ!

通学路

ホタル

こっとん亭のぼんぼり

怖いパンダ

変わらないって落ちつく～

同じ匂い

ピッカー!

このオレンジの
鮮やかさ!

でっかい
水車!

神秘的な木
知らなかった大きな石
変わらぬ看板
ちょうど良い〜長さですよね
あたしスペシャル!
井戸端会議!?
走ってんなあ〜
すすき
ふわわ

「あ、お花」

足跡

「使い捨てカメラ、あんまり使ったことない!」

ホテルからの眺め

ホテル支配人にご挨拶

従業員さんと

職場体験で働いたホテル、磨いていた窓

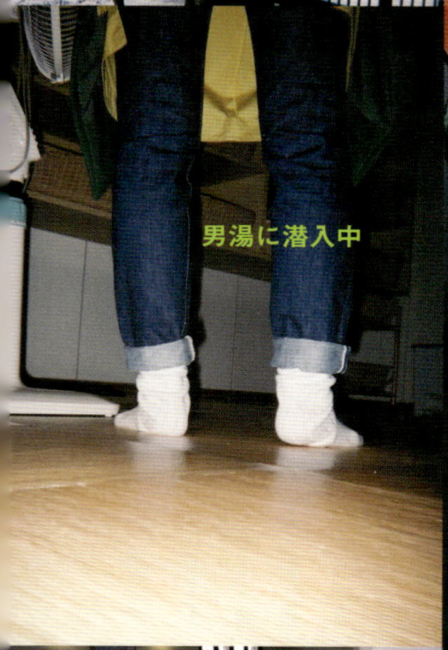
男湯に潜入中

皿洗いをした厨房

ホテルの皆さんとパチリ

撮影(使い捨てカメラ)=鈴木 心

久しぶりの帰省と初めての使い捨てカメラに興奮するのんさんを、本書カメラマン・鈴木心氏が撮影しました。実録・のんの里帰り——。

生家を訪ねて

「何を撮ろうかな……」

「そろそろです」

スイス風の
ホテル外観

「このあたりに住んでました!」

オオバコ相撲をやった場所

クルマがまったく来ない道

「この田んぼで走ってました」

お揃いの配色

「この線路脇に、おたまじゃくしの水槽を置いていました」

「電車!」

秘密基地の近く

カブトムシを
つぶしてしまった公園

猿や鹿を
見かけたことあります

「防火水槽でフナ釣ってました」

通学路にて

不思議な遊具

コントをやっていた
ステージ（階段）

童心！

「校庭で飯ごう炊さんをした記憶があるんだけど、なんでだろう……」

こんな感じ？

「校舎の色が変わってる！」

一輪車

「これをめっちゃ早く回して
友達と遊んでました」

よっと!

乗っていいですか?

「ここで、腰パンしてる
高校生に注意しました。
パンツ見えてたから」

カーミンストリート

「あ!」

ハムスターと遊んだ公園

友だちと遊んだこっとん亭

学年主任だった先生と

水車

町役場前にて

鯉と遊んだ場所

お祭りの思い出

「あっとほぅむこんさぁと」
演奏したステージ

姫路行きの電車

グリンデルホール（400人収容）

市役所にお邪魔します

「ホールのニオイが
変わってない!」

役場の皆さんと

久しぶりのセッション

まさやんに会いにMスタジオへ

駅前で顔はめ

まさやん、てっちゃんと

のんさん専用ギター（非売品）

雪だったのに晴れた!

「適当に弾けば合わせるよ」(まさやん)

余田屋のご主人と

「このギターはずっと置いとるわ」(まさやん)

駅前にて

銀の馬車道ラーメン

ラーメンのご感想は?

あとがきにかえて
～本書を振り返りつつ、これからを考える～
聞き手：鈴木 心

（故郷から東京へ戻る新幹線の車中にて）

鈴木　故郷への撮影旅行、おつかれさまでした。久しぶりの帰省でした？

のん　中学校卒業以来ですね。ほとんど変わってなかったんですけど、中学校は変わり果てていて、知らない学校になっていました。そこに、自分のよく知っている先生がいて、すごく違和感が（笑）。学年主任だった先生が、当時とまったく顔が変わってなくてびっくりしました。

鈴木　のんさんも変わってないから（笑）。

のん　いやあ、どうなんですかね。あと、小学3年生まで住んでいた実家のあたりが、敷地がめちゃくちゃ小さく感じてビックリしました。家の前の田んぼも、あの2倍くらいあるイメージでした。

鈴木　僕が今日、一番印象的だったのはMスタジオ（114p）ですね。Mスタジオがなかったら、のんさんの生き方がだいぶ変わったんじゃないかと思って。のんさんがやりたいことって、大人たちが学校で教えられないことだったりすると思うんです。だから、独学でやるしかない中で、まさやんって「否定しない人」だと思ったんです。「やりたいことやってごらん、手伝ってあげるよ」って言ってくれる、まさやんみたいな大人が身近にいて、そのまさやんが作った志高い場所（Mスタジオ）があって、そこに子どもたちが集まっている、という状況の賜物だなと思ったんです、のんさんの活動って。で、それが、のんさんが上京した後も、いまだに続いているという。だから、Mスタジオの中に「のんさんコーナー」があるんだと思うんです。あれって、まさやんが続けてきたことの結果として、現在ののんさんの活躍があって、のんさんを身近に感じることで、まさやんも「これからも子どもたちをキャッチアップしていこう」と思えるし、のんさんにとってもMスタジオがいつ戻ってきても変わらず接してくれる場所になっているという。たぶん、これまで、のんさんに対して態度が変わってきた人もいっぱいいると思うんですけど……。

のん　たしかに、まさやんにMスタジオで会えたのは、本当に良かったですね。私が中学生の時は今のMスタジオとは別の場所でしたが、毎日ってくらいギターを弾いたり教えてもらいに通い詰めていました。まさやんもてっちゃんも当時のまんまでなんだかすごく嬉しかったです。

鈴木　あとは、自然との距離感。だいたい普通、家の近くに猿が60匹現れたりしないじゃん。

のん　昔、何度か現れてました。キーキーキーって。

鈴木　やっぱり普通じゃないことが普通な環境ってのが大きかったのかもね。みんな生き続ける中で常識にがんじがらめになっていくんだけど、のんさんにとってはそれがない。普通、街で育つとおもちゃ屋さんとかゲームセンターがあって、物を買ったり、お金を払って遊ぶんだけど、そうじゃなくて、そこらへんにあるものすべてが遊び場ってのが、のんさんにとっての当たり前だったというのが、今のものづくりの原点になってる気がしたんです。だから、僕はあの場所（生家）が終始心地よくて……。

のん　いいところですよね？

鈴木　本当いいところ。今ね、看板がない町の風景を探すのが難しいんです。だいたい企業や商品の看板があるんだけど、生家のまわりってほとんど看板がなかったよね。

のん　あー、そうかもしれない。

鈴木　その風景が今も変わらずに残されているのってすごいと思った。

のん　中学校は変わり果てていましたけど（笑）。

鈴木　僕が今回の一連の撮影で、のんさんから学んだことは、「好きなことをやらなきゃ」ってこと。僕にとって写真は好きなことだったんですけど、いつしか仕事になって、まわりのことを考えるようになっちゃっていたんです。だけど、好きなことをやっている時って、のんさんみたいに「自分がそれをやりたいかどうか」だけですよね。で、結果、それでみんなが喜んでくれたらラッキーだし、みんな喜んでくれなくても、自分が吐き出したいものを吐き出さないと、いつまでたっても気持ち悪いままじゃないですか。僕も、写真がいつしか仕事になってたんですよ。好きなものだったはずなのに。それを自覚させられて「いかんいかん、自分も好きなことをやんなきゃ」って、撮りながらずーっと思ってました。

のん　素敵ですね。それは楽しみです！

鈴木　おかげで踏ん切りがついたというか、だから「アーティスト」という肩書も、のんさんの場合、はまんないね。のんさんは「アーティスト」じゃなくて、もっと違うものだと思う。アーティストはアートが売れなきゃやってけないけど、のんさんって売れるか売れないか関係ないじゃん。趣味人？（笑）

のん　そうかも。

鈴木　結果、受け入れられているんだけど、最初から売ろうと思ってやっているわけじゃないよね。

のん　そうですね。でも、「面白い」ってことに関して自信はあります。根拠のない自信が。

鈴木　みんなが面白いと思ってくれる、という自信がある？

のん　そうですね。自分が面白いと思ってるからですかね。

鈴木　それって昔からそうだった？

のん　今の方が少し大人になりました。小学生の頃とかは無敵時代です。それこそ根拠もなく自分が一番だと思ってました。でも、みんなそうですよね？

鈴木　それが大人になって分をわきまえて……でも、のんさんはそれがずっと続いてきたんだと思う。自分が楽しいと思うものはみんな楽しいはずだ、を証明してきたというか。だって、小学校の同級生の全員がこうなったわけじゃないでしょ？　多くの人は続けていくうちに、「これはお金になるから、こうした方がもっと受けるだろう」とか、変な欲が出てきちゃって、そうなると仕事の人に変わっちゃうんだよね。

のん　たしかに「うけるために」「お金のために」は考えないですね。面白いか面白くないか、笑えるか笑えないか、だけ（笑）。

鈴木　あと、役者じゃないよね。「絵」とか「音楽」とか「服作り」の中のひとつとして「役者」があるだけで、演技以外のいろんなことをやる役者じゃない。そこも、今回すごくよく分かった。僕の知っている身近な役者さんは、映画観る、台本読む、練習するというサイクルの中で……絵を描いたり、音楽演奏はしない（笑）。

のん　（笑）。

鈴木　あと、もうひとつ今回よくわかったのは、素ののんさんっていないということ。

のん　どういう意味ですか？

鈴木　役者やってる人って、「演技をしている時以外、プライベートではふつーなんです」っていう人がいるんだけど、のんさんは常時のんさんだから。

のん　それ、桃井かおりさんにも同じこと言われました。「役者は普通、貝殻に入って仕事してるのに、あなたはひとりだけ貝殻から出て仕事してる感じがする」って。

鈴木　それが昔からそうなんだなっていうのが分かった。だから、すごく世の中から誤解されているよね、のんさんって。

のん　お！

鈴木　それで、「のんさんって実はそうじゃないんだ、こういう人なんだ」って伝えると、おそらく一定数の人たちは離れていくと思う。

のん　そう思います（笑）。

鈴木　でも、そのぶん、のんさんじゃなきゃダメだって人もきっと出てくるから。だから、いつになるかわからないけど、のんさんもぜひ「N《のん》スタジオ」を作ったらいいんじゃないかな。次の子どもたちのために、のんさんができることがあるはずだから、いつか第二のまさやんになって……。

のん　うわあ、まだ想像がつかないですね。

鈴木　今って「将来何になりたいの？」って訊かれると「消防士」とか「パイロット」とかみんな答えるけど、別に「既存の職業」って型に自分を押し込めなくてもいいじゃん。現在ののんさんを見ていて、そういう部分で心が楽になる人もいると思う。

のん　やりたいことをやる、という仕事。

鈴木　それがのんさんの仕事だよね。職業：やりたいことをやる人（笑）。そんなのんさんにとって、今回の本作りはどうでした?

のん　めちゃくちゃ面白かったです。いろんな大御所の方たちとお話をしたり、好きな絵を描いたり、服を作って富士山に行ったり。やりたいことがやれた気がします。

鈴木　これまでの仕事って「のんさん、あれしてください」「これしてください」だったと思うんだけど、今回はのんさんから出てくるまでみんなが待った。そうじゃないと面白いものにならないから。

のん　ありがとうございます。「富士山に行きたい」とか「大きな絵を描きたい」って言ってる時は、夢としては良いけど「できるのか……?」みたいな、いきあたりばったりなところがあったんですけど、やってみたら自由に動けるというか、すごく覚醒した感じがありました。

鈴木　持ってる引き出しがはんぱないし、「女優然としていなくちゃ」という縛りがなくて、自分の中にあるものは何でも出せる。たとえば、いきなり女優がバレエの動きを始めたら「?・?・?」ってなるけど、のんさんを撮る場合は何でもありなのが面白い、のんさんらしいなと思います。あと、力んでないんだよね。やるぞ! って気負わないところが僕は毎回印象的で。すーっと入っていくよね。

のん　そうですね。ちょっと話がずれるかもしれないですけど、今回いろんな絵描いたり、いろんな方と対談をして、反射的に動いたり話したりするのを心掛けたんです。そしてわりと実践できた気がしているんですけど、演技も同じでひとつの役があったとして、反射的に演れた時の方が上手くいくんです。なので、この経験を演技に活かせるなあと思いました。撮影に入る時、集中できるときはできるんですけど、空回りするときもあるので……。もちろん役の気持ちとして反射的に動くためには、現場に入るまでにどう解釈するか考えておくのがベースですけれど。その上でいつも柔軟に現場で動けるように、フラットな状態に集中させる感覚を少し掴んだ気がしました。

鈴木　のんさんって、打ち合わせの時とか、ちょっと違うなと思ったら「違うんです」ってなるじゃん。一見、何も考えてないように見せてるんだけど、何か違和感を感じた時に、これは違いますとはっきり表明するのも今回印象的だった。嗅覚が鋭いな、って印象だった。

のん　そうですかね。

鈴木　たとえば撮影中に「あ、このカメラマン、合わないな。大丈夫かな?」と察知することってある?

のん　よくわからないですけど、撮影してもらっている時に「この人、私に全然興味ないんだな」と思うと、いきなり不安になります。「大丈夫かな? もうちょっと興味持ってほしいんだけど……」って。

鈴木　ある意味、ポジティブだね(笑)。こいつ、とは思わない。

のん　いや、こいつ、って感じです(笑)。「こいつ私に全然興味ねぇー(泣)」って……生意気ですよね。

鈴木　いや、そんなことないって。役者さんによっては何枚撮っても全然動いてくれない人がいるんだけど、のんさんの場合、それはないじゃん。撮影にのらない時ってあるの?

のん　のらない時、あります。ヘンな方向にされてる! って時は、踏ん張ります。違う方向にずらします。汚い感じとかえろい感じにされると思ったら……よくあるんですよね。

鈴木　嫌です、とは言わずに違う方向にずらしていく?

のん　嫌ですと言うと、できないみたいで悔しいから(笑)。

鈴木　その色っぽいことへの抵抗って何なの?

のん　どろっとした感じじゃない色っぽさなら好きなんですけど。難しいですね。エロエロな感じが出せないので。

鈴木　それを仕事で求められたらどうするの?

のん　やらないです。それは私には生み出せないものなので。

鈴木　そこがはっきりしてるのもいいよね。そういう引き出しがそもそもない?

のん　生活感のある色っぽさというか、生々しさがあるものというか。そういうものが苦手なんです。もうちょっと夢のあるファンタジーめいた方が好きです。

鈴木　だからみんな「素」が見たい、と思っちゃうんだよね。

のん　素、ないのに(笑)。

鈴木　そこだけが見えてこないから、みんな見たいと思っちゃう。でも、実は、ない。そこがみんなにわかってもらわないといけない部分だよね。業界で、のんさんと仕事したい人って、ものすごく多いんだけど、きっと「誰も知らないのんを俺の手で引き出したい」っていう……。

のん　あ、それ苦手!

鈴木　クリエイターって、自分の手柄にしたがるじゃん? 俺のディレクションによってこういうものが生まれました、みたいな。

のん　そうなんですね。そういう役、来ます。

鈴木　でも、「永遠の少年少女」って方が希少価値高いよね。

のん　そうですよね。私も、実は一番難しいんだなと思います。

鈴木　のんさんの場合、どこかで見たことのある何か、が出てこないんだよね(笑)。みんなが大人になる中で、それこそのんさんが子どもの頃に見てた近所の猿のように芸能界の片隅でキャッキャやっている感じ? (笑) 追っていくと逃げるけど、放っておくとまた山から降りてくるという、そのままでいてほしいですね。

のん　そうですね。片隅で楽しくやっていきたいです(笑)。今回、ひとりでものを作ってるのも好きですけど、やっぱり集団で何かを作っていくのは面白いな、とあらためて思いました。今までは女優然としていなくちゃ、という意識が強かったんですけど、のん(創作あーちすと)になってからはあーちすとという自由な感覚を解放させてもいいんじゃないかと思いつつ、今回はその部分がフィットした気がします。やりたいことはやってしまえばいいんだな! と思ってます。

(2017年2月11日収録)

ブックデザイン■鈴木成一デザイン室

撮影■鈴木 心(カバー、1~56p、66~97p、100~120p)
三浦憲治(58~65p)

ヘア&メイク■福島久美子(桃井かおり)、岡崎直樹(清水ミチコ)、
vierge岩尾清司(矢野顕子)、菅野史絵(のん1p~73p、82~120p)、友森理恵(のん74~81p)

スタイリング■飯嶋久美子(IUGO)、山口絵梨沙

協力■有限会社ジャムハウス、ソニー・ミュージックアーティスツ、株式会社ヴィレッヂ、
Studio AQUIRAX、日本美術工芸株式会社、スタジオTAG、まさやんとてっちゃん(Mスタジオ)、
山下和久(兵庫県神崎郡神河町地域振興課)、森本敬章(ホテルモンテローザ)、余田屋、こっとん亭、
中学校の学年主任だった先生、兵庫県神崎郡神河町で出会った皆さん

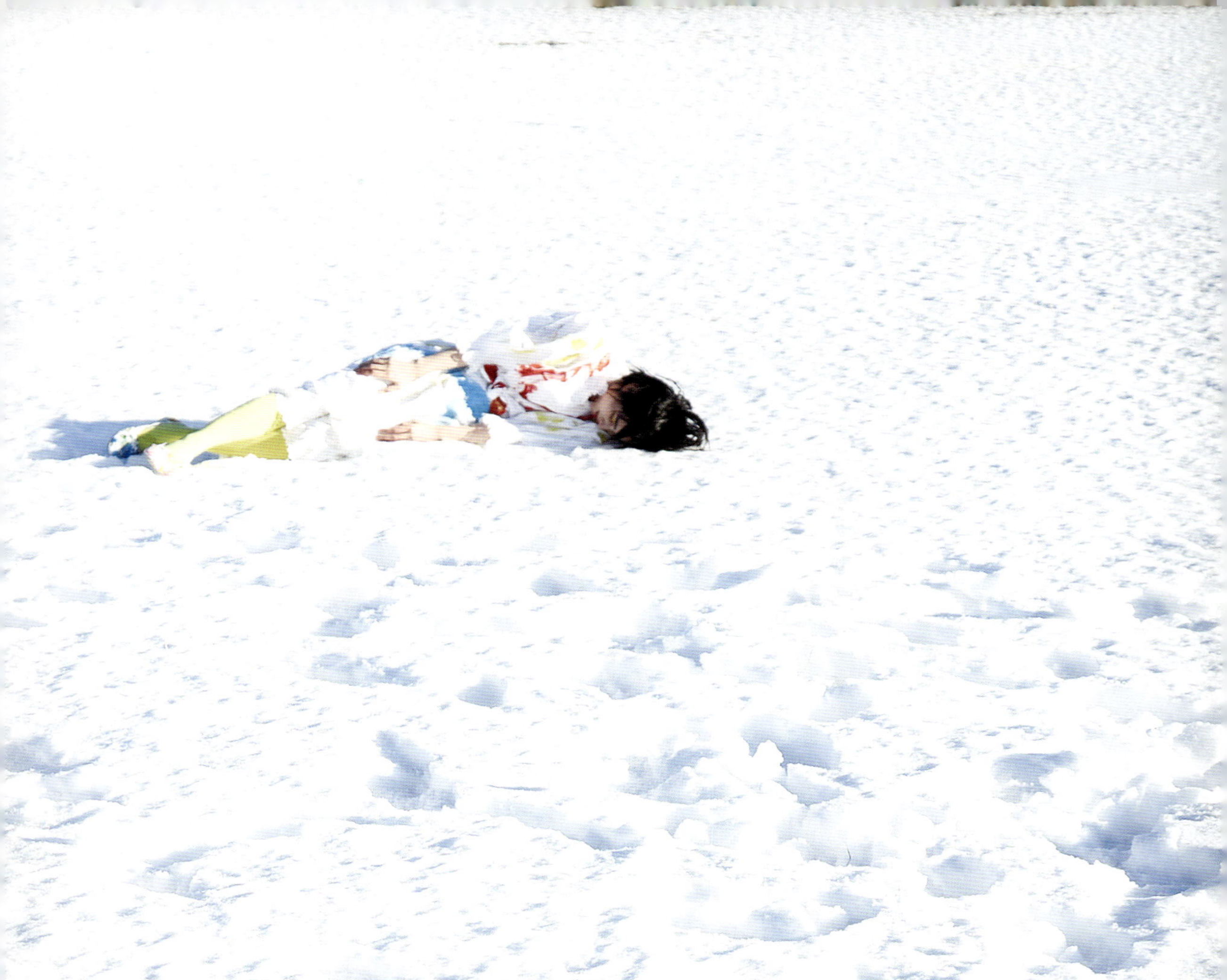

創作あーちすとNON

so—saku artist "non"

2017年3月25日 ■ 第1刷発行

著者 ■ のん

編集 ■ 北尾修一、村上 清

発行人 ■ 北尾修一

営業担当 ■ 田中太

発行所 ■ 株式会社太田出版

〒160-8571 東京都新宿区愛住町22 第三山田ビル4階

tel: 03-3359-6262 fax: 03-3359-0040

振替00120-6-162166

webページ http://www.ohtabooks.com

製本 ■ 株式会社シナノ

ISBN978-4-7783-1568-9 C0095